Alexander Stevens
Aussage gegen Aussage

PIPER

Zu diesem Buch

Wenn vor Gericht gestritten wird, steht es oft Aussage gegen Aussage. Dann gilt: Im Zweifel für den Angeklagten. Oder? Weit gefehlt, weiß Alexander Stevens, Fachanwalt für Strafrecht. Denn Richter können auch verurteilen, wenn es keine anderen Beweise außer der bloßen Aussage des Gegners oder eines einzigen Zeugen gibt. Aber wie entscheiden Richter solche Pattsituationen, vor allem wenn es um heikle Fälle wie Geld- und Beziehungsstreitigkeiten, Gewalt- und Sexualdelikte oder sogar Mord geht? Nach Bauchgefühl? Alexander Stevens beschreibt seine spannendsten Fälle, bei denen es Aussage gegen Aussage stand, und erklärt, wie es zur jeweiligen Urteilsfindung kam.

Dr. Alexander Stevens ist Fachanwalt für Strafrecht und einem breiten Publikum als Buchautor und Anwalt in verschiedenen TV-Formaten bekannt (u.a. »SAT.1 Frühstücksfernsehen«, »Stern-TV« und »Markus Lanz«). Zuletzt erschienen von ihm bei Piper der Spiegel-Bestseller »9 ½ perfekte Morde« sowie »Verhängnisvolle Affären«.

Alexander Stevens

AUSSAGE gegen AUSSAGE

Urteile ohne Beweise

PIPER

Mehr über unsere Autoren und Bücher:
www.piper.de

Von Alexander Stevens liegen im Piper Verlag vor:
9 ½ perfekte Morde
Verhängnisvolle Affären
Aussage gegen Aussage

Originalausgabe
ISBN 978-3-492-22971-5
Februar 2020
© Piper Verlag GmbH, München 2020
Umschlaggestaltung: zero-media.net, München
Umschlagabbildung: Julian Hartwig/NeonBlack
Satz: Uhl & Massopust GmbH, Aalen
Gesetzt aus der Scala
Druck und Bindung: CPI books GmbH, Leck
Printed in the EU

INHALT

»Tatort«, »CSI« und viele andere Krimiserien erwecken den Eindruck, dass sich mithilfe der modernen Kriminaltechnik jeder Sachverhalt aufklären lässt. Die Wirklichkeit sieht anders aus: Ob Verkehrsunfall, Scheidungskrieg, Mord oder Vergewaltigung – in gut 70 Prozent aller Fälle beruht eine gerichtliche Verurteilung auf der bloßen Aussage von Zeugen. Oft ist es sogar nur die Aussage eines Einzelnen, die der bestreitenden Aussage des Beklagten beziehungsweise Angeklagten gegenübersteht, Aussage gegen Aussage also.

Aber kann die Aussage eines einzigen Zeugen wirklich genügen, um über Recht und Unrecht, Schuld und Unschuld zu urteilen – mit oft sehr weitreichenden Folgen für das gesamte Leben der Betroffenen, wie etwa bei Sorgerechtsstreitigkeiten oder im Strafrecht, wo im schlimmsten Fall sogar lebenslängliche Haft droht?

Wenn ja, wem würde man eher glauben? Dem Beschuldigten oder dem vermeintlichen Opfer? Kindern oder Erwachsenen? Frauen oder Männern? Bürgern oder Polizisten? Demjenigen, der mehr Zeugen auf seiner

Seite hat? Was ist mit Zeugen, die zwar selbst nichts gesehen, aber vielleicht etwas gehört oder erzählt bekommen haben?

Und was ist von Zeugenaussagen überhaupt zu halten? Ist das Gedächtnis eines Zeugen ein verlässliches Beweismittel? Oder bedarf es nicht immer wenigstens eines weiteren unabhängigen Beweises, wie DNA, Fingerspuren, Videoaufzeichnungen, Dokumente oder zumindest eines zusätzlichen, neutralen Zeugen, um in einem Rechtsstaat ein Gerichtsurteil sprechen zu dürfen? Schließlich heißt es doch »im Zweifel für den Angeklagten«, oder etwa nicht? Kommen dann aber mutmaßliche Unfallverursacher, Ehebrecher, Gewalttäter und Kinderschänder immer davon, wenn es keine »echten« Beweise gibt?

All diesen Fragen gehe ich für Sie anhand von realen Fällen nach.

Erlauben Sie mir dabei lediglich den abschließenden Hinweis, dass ich zum Schutz meiner Mandanten und aller weiteren Verfahrensbeteiligten identifizierbare und personenbezogene Merkmale weglassen oder verändert habe, ohne aber den Kern der Geschichten und die damit verbundenen tatsächlichen oder rechtlichen Probleme zu verändern.

Nur mein Kanzleikollege Philip Müller möge an dieser Stelle mit Klarnamen erwähnt werden, dem ich – wie bei allen Büchern zuvor – für seinen Input, seine Ideen und seine Finesse zu lebenslangem Dank (und darüber hinaus) verbunden bin.

Bei Fragen, Kritik und Anregungen erreichen Sie mich jederzeit unter:

Facebook:	@real.alexanderstevens
Twitter:	@real_dr_stevens
Instagram:	@real_alexander_stevens

So richtig glauben konnte oder wollte man die Vorwürfe zunächst nicht. Der junge aufstrebende Politiker, der immer so adrett gekleidet war und dessen stets akkurat gebundene Krawatte in der Farbe seiner Partei ebenso perfekt saß wie seine nach hinten gegelten Haare, schien so gar nicht in das Bild eines brutalen Vergewaltigers zu passen. Dabei hatten die gegen ihn erhobenen Vorwürfe beinahe schon etwas Tragikomisches. Ausgerechnet er hatte nämlich im Wahlkampf die dringende Verschärfung des Sexualstrafrechts und die Verbesserung des Opferschutzes zu seinem Topthema gemacht. Gleichzeitig hatten ihm seine Kritiker schon im Vorfeld der Wahl immer wieder vorgeworfen, dieses Thema nur als Mittel zum Zweck zu nutzen – schließlich war sein Wählerkreis überwiegend weiblich, und er hatte schon immer mit seinem gewinnenden Charme, seinem guten Aussehen und eben auch mit Themen kokettiert, die vor allem weibliche Wähler ansprachen. Jetzt musste er sich an den Gesetzen messen lassen, deren Verschärfung er in flammenden Reden selbst immer wieder gefordert hatte.

Zu Beginn hatte er sämtliche Vorwürfe als völlig haltlos abgetan, als böse politische Intrige hingestellt und selbstbewusst bestritten, auch nur irgendeinen sexuellen Kontakt mit der jungen Praktikantin gehabt zu haben. Doch alles Bestreiten half nichts. Obwohl von offizieller Seite zunächst noch unter Verweis auf die Unschuldsvermutung beteuert wurde, man wolle erst das Ergebnis der Ermittlungen abwarten, zogen die Parteifreunde in Wirklichkeit noch am Tag des Bekanntwerdens der Vorwürfe sofortige und endgültige Konsequenzen: Sie ließen ihren aufsteigenden Stern erbarmungslos fallen. Der Vorwurf allein reichte dafür aus. Sein eigener erbitterter politischer Einsatz in Sachen Sexualstrafrecht sollte ihm sprichwörtlich auf die Füße fallen: Schließlich hatte er im Wahlkampf seine Kritiker immer wieder mit der Phrase niedergebügelt, dass keine Frau sich eine Vergewaltigung einfach so ausdenke.

Große Hoffnungen setzte er in das gegen ihn eingeleitete Ermittlungsverfahren, welches die Staatsanwaltschaft kurz nach Bekanntwerden der Vorwürfe eröffnet hatte – nicht nur mit Blick auf ein politisches Comeback, sondern auch, weil er sich davon versprach, nicht für viele Jahre ins Gefängnis zu müssen. Er schien sich sicher zu sein, wenigstens im Nachgang der demütigenden Berichterstattung aller Welt seine Unschuld beweisen zu können, insbesondere seiner Frau, seiner Familie und seiner Partei. Schließlich stand das Wort der Praktikantin gegen seines – Aussage gegen Aussage.

Die Ermittlungen waren angesichts des überragenden öffentlichen Interesses an dem Fall, seiner politischen Dimension und der Prominenz des Beschuldigten keineswegs oberflächlich gewesen – ganz im Gegenteil. Die Polizei hatte Dutzende Gäste der Wahlkampfparty vernommen, auf der die behauptete Tat angeblich passiert war. Knapp ein Jahr nach dem Vorfall erhob die Staatsanwaltschaft schließlich öffentliche Anklage zum Landgericht – wegen Vergewaltigung.

Ein herber Rückschlag für den einstigen Politstar. Denn jetzt, wo auch noch die Staatsanwaltschaft ihn angeklagt hatte, stand für die Medien – aber auch die meisten Menschen, die den Fall verfolgten – unweigerlich fest, dass an den Vorwürfen schon irgendetwas dran sein müsse. Irgendeinen zusätzlichen Beweis oder Beleg für die Beschuldigungen der jungen Praktikantin müssten die gründlichen Ermittlungen ja ergeben haben, ansonsten hätte die Staatsanwaltschaft wohl kaum Anklage erhoben. Schließlich könne man, wenn nur Aussage gegen Aussage stehe, niemals zweifelsfrei feststellen, was nun wirklich passiert sei – es heiße ja dann in jedem Fall »im Zweifel für den Angeklagten«, oder?

Für den Politiker, schuldig oder nicht, war die Situation ein Desaster. Denn selbst im Falle eines Freispruchs – von dem er nach wie vor felsenfest überzeugt war – würde am Ende genau dieser Satz an ihm hängen bleiben: »Irgendetwas wird schon dran gewesen sein...«

Als der Prozess schließlich begann, waren die Zuschauerplätze des Gerichtssaals komplett belegt. Auch die für Journalisten und Pressevertreter frei gehaltenen Stühle in der ersten Reihe waren ausnahmslos besetzt. Die Justizwachtmeister mussten sich mit einem Pulk von Fotografen und Journalisten streiten, die für den anstehenden Prozess keinen der begehrten Plätze mehr bekommen hatten und aufgefordert wurden, den Saal zu verlassen.

Die Anklageschrift mitsamt den Ermittlungsergebnissen war freilich schon lange über die Staatsanwaltschaft an die Presse gelangt und schon vor Prozessbeginn öffentlich ausgeschlachtet worden. Hieraus ging auch hervor, dass der Angeklagte den sexuellen Kontakt mit der Praktikantin mittlerweile zugegeben, aber als einvernehmlich bezeichnet hatte, was seinem Image als (selbst ernannter) Saubermann endgültig den Todesstoß versetzte – schließlich war er verheiratet. Außerdem würde er laut Anklageschrift »zweifelsohne durch das Ergebnis der Beweisaufnahme überführt werden, insbesondere durch die Aussage der Geschädigten«.

Nicht nur die versammelten Medienvertreter waren deshalb auf die junge Frau gespannt, die den prominenten und einflussreichen Politiker bereits vor ihrer Aussage zu Fall gebracht hatte und ihn jetzt darüber hinaus womöglich auch noch für lange Zeit ins Gefängnis bringen würde. Auch Wähler und Nichtwähler und nicht zuletzt die vor Schadenfreude nur so strotzenden politischen Gegner – innerhalb und außerhalb der Partei – konnten ihr Erscheinen vor Gericht kaum erwarten. Man hätte also buchstäblich die fallen gelassene Stecknadel hören können, als es am zweiten Prozesstag endlich so weit war und das mutmaßliche Opfer seine gerichtliche Aussage machte.

»Ich war spät dran«, begann die zierliche Frau mit den hellblond gefärbten Haaren in dem hochgeschlossenen Business-Anzug. »Die Musik war so laut, und ich habe zunächst niemanden von den Gästen gekannt. Ich bin dann recht schnell zur Bar gegangen, und dort habe ich den Angeklagten Champagner trinken sehen. Ich dachte mir, dass ich mich ihm kurz als eine der Praktikantinnen aus seinem Wahlkreisbüro vorstellen könnte, schließlich hatte ich die letzten Wochen dabei geholfen, Hunderte von Plakaten mit seiner Wahlwerbung aufzuhängen, hatte Anrufe im Wahlbüro entgegengenommen und unzählige Fragen in den verschiedenen sozialen Medien für ihn beantwortet. Ich hielt es für okay, ihm einfach kurz zu seiner Wahl zu gratulieren und mit ihm darauf anzustoßen. Ich habe mir wirklich nichts weiter dabei gedacht!«

Sie legte eine Pause ein, als ob sie von irgendeiner Seite Widerspruch erwartet hätte. Aber niemand sagte etwas. Auch der Angeklagte, der am Tag zuvor ausgesagt hatte, hielt sich zurück – wenn auch kopfschüttelnd. Er konnte die Zeugin ohnehin kaum sehen, da ihr Opferanwalt zuvor darauf bestanden hatte, sich als eine Art Sichtschutz zwischen ihr und dem Angeklagten zu positionieren. Das Gericht war dieser Bitte auf psychischen Beistand sofort nachgekommen und hatte die Wachtmeister angewiesen, dem Anwalt einen Sitzplatz zwischen Zeugenstuhl und Anklagebank einzurichten. Seitens des Politikers war kein Widerspruch gekommen – wer wollte schon vor der Presse für das Recht kämpfen, als Angeklagter einem mutmaßlichen Vergewaltigungsopfer ins Gesicht sehen zu dürfen?

»Und was ist dann passiert?«, fragte der Richter in ruhigem Ton, so als wollte er dem Opfer für den unmittelbar bevorstehenden Bericht seiner traumatischen Erlebnisse Mut machen.

»Als ich zu ihm an die Bar ging, war er total herzlich und fragte gleich, ob er mir auch ein Glas Champagner einschenken dürfe. Natürlich habe ich Ja gesagt, ich wollte nicht unhöflich sein, und dann haben wir auf seinen Wahlsieg angestoßen. Zum Reden war es aber eigentlich zu laut. Nach ein paar Minuten schlug er vor, deshalb kurz vor die Tür zu gehen. Ich habe mir immer noch nichts dabei gedacht, habe mich sogar irgendwie geschmeichelt gefühlt, dass sich ein so bekannter und mächtiger Mann Zeit nimmt, mit mir kleiner Praktikantin zu sprechen. Da es echt voll war, mussten wir uns den Weg durch die Menge bahnen, bis es nach einigen Metern etwas ruhiger wurde. Dann konnte man sich endlich auch besser unterhalten. Ich bin einfach neben ihm hergelaufen, ohne wirklich auf den Weg zu achten. Er hat mich ein bisschen zu meiner Tätigkeit in der Partei befragt, wie mir mein Praktikum so gefalle und solche Dinge eben, eigentlich belangloses Geplänkel, aber sehr charmant. Er sagte auch, dass er es schade finde, dass wir uns bisher noch nie begegnet seien, und machte mir ein, zwei Komplimente zu meinem Aussehen. Ich hab darauf aber, glaube ich, nur verlegen gelächelt, denn eigentlich fand ich das etwas unangebracht. Er war ja quasi mein oberster Chef. Außerdem war er auch schon ein bisschen angetrunken. Wir sind dann circa 40, 50 Meter von der Bar weggegangen, als er plötzlich hinter so einem weißen Bierlaster stehen blieb, mich mit beiden Händen an den Schultern packte und zu mir sagte, er sagte ...«

Die Zeugin hielt inne und sah für einige Sekunden nach unten. Dabei strich sie sich mit dem Zeigefinger unter den Augen entlang, offenbar um sich unauffällig

Tränen wegzuwischen. Ihr Opferanwalt lächelte ihr aufmunternd zu. »Sagen Sie es einfach. Denken Sie daran, was wir vorher besprochen haben!« Die Zeugin nickte und fuhr dann mit belegter Stimme fort. Es schien ihr schwerzufallen weiterzusprechen.

»Er sagte, dass ich die heißeste Frau sei, die er je in der Partei gesehen habe. Er sagte, dass er es mit mir tun wolle. Ich weiß eigentlich gar nicht mehr, was ich zu diesem Zeitpunkt dachte. Ich war völlig perplex. Ich glaube, ich habe mir eingeredet, dass er das jetzt nicht wirklich gesagt hat. Er war ja eine absolute Respektsperson für mich. Außerdem wusste ich, dass er Frau und Kinder hat. Schließlich war er auf allen Wahlplakaten mit seiner Familie abgebildet. Und ich hatte ja auch einen Freund. Ich wollte einfach nur schnell wieder zurück zur Bar und am besten einfach vergessen, was da gerade passiert war. Ich dachte, dann könnten wir uns vielleicht irgendwann wieder unbefangen gegenübertreten. Ich konnte in dem Augenblick nicht klar denken, ich habe ihn nur verständnislos angeschaut und nichts gesagt.«

Bislang hatte sich ihre Version des Geschehens nur unwesentlich von der des Politikers unterschieden. Der Angeklagte hatte die erste Begegnung sehr ähnlich geschildert, wenngleich das Gespräch ihm zufolge ein durchaus beidseitiger Flirt gewesen sei. Aufgrund seines angetrunkenen Zustandes und seiner damaligen Eheprobleme sei er »zugegebenermaßen offen gewesen« für einen Flirt und habe vorgeschlagen, die Bar zu verlassen, wo die ganzen Parteikollegen herumgestanden hätten, von denen manche ja nur auf eine Gelegenheit gewartet hätten, ihn mit irgendeinem Skandal zu Fall zu bringen.

Es sei einfach nur dumm gewesen, sich auf einen Flirt ausgerechnet an diesem Ort einzulassen. Schließlich sei Politik ein »Haifischbecken«. Auf dem Weg von der Bar zum Bierlaster hätten sie sich gegenseitig Komplimente gemacht und seien sich auch immer wieder sehr nahegekommen. Womöglich habe er ihr auch gesagt, dass er sie sehr attraktiv finde, den genauen Wortlaut wisse er nicht mehr. Sie habe ihn jedenfalls auf diese Komplimente hin strahlend angelächelt.

»Er hat dann einfach angefangen mich mit den Händen zu berühren«, fuhr die Praktikantin im Zeugenstand fort. »Erst am Rücken, dann am Po. Und dann hat er mich zu sich gezogen und einfach geküsst. Direkt auf den Mund. Ich wollte das nicht, aber ich war wie gelähmt, ich konnte überhaupt nicht reagieren. Ich konnte auch nicht zurückweichen, denn da stand ja schon der Bierlaster. Ich konnte nicht sehen, wo seine Hände waren, es war relativ dunkel. Ich habe nur gespürt, dass er irgendwann anfing, meine Bluse zu öffnen. Ich kam mir vor wie im falschen Film. Ich habe versucht, ihm ins Gewissen zu reden, und ihn gefragt, was denn seine Frau dazu sagen würde. Aber er meinte nur, das sei ihm egal, weil er mich so geil finde. Und dann machte er unbeirrt weiter. Immer wieder hat er versucht, mich zu küssen. Ich habe dann meinen Kopf weggedreht, aber er war einfach überall, mit seinem Mund, mit seinen Händen, es war einfach nur widerlich.«

Der Angeklagte hatte hingegen ausgesagt, er habe sie geküsst, zunächst ganz sacht, dann immer heftiger und intensiver. Sie sei dabei aber sehr aktiv gewesen und habe ihn ganz schelmisch gefragt, was seine Frau wohl darüber denken würde. Er sei sich vorgekommen wie ein Teenager beim ersten Date. Ja, es habe sich verboten angefühlt, wegen seiner Frau, seiner Parteikollegen. Aber es sei so viel Leidenschaft dabei gewesen. Irgendwann habe er dann angefangen, sie anzufassen, jedoch ohne sie auszuziehen.

»Dann hat er unvermittelt seine Hose aufgemacht und seinen Penis rausgeholt. Er sagte: ›Nimm ihn in den Mund!‹«

Jetzt konnte die junge Frau im Zeugenstuhl ihre Tränen nicht mehr zurückhalten. Wieder blickte sie auf den Tisch vor sich, diesmal noch länger als zuvor. Der Opferanwalt reichte ihr eines der am Tisch bereitliegenden Taschentücher und warf dem Angeklagten einen vorwurfsvollen Blick zu, den der Politiker aber nicht erwiderte. Stattdessen starrte er mit einer Mischung aus Fassungslosigkeit und Zweifel auf seine Ex-Praktikantin, fast apathisch und fast so, als wollte er ihr damit signalisieren, dass sie doch bitte endlich die Wahrheit sagen solle.

Der Richter fragte, ob er die Verhandlung kurz unterbrechen solle, aber der Opferanwalt winkte nach einem kurzen Flüstern und einem darauffolgenden Nicken seiner Mandantin ab. Sie wischte sich mit dem Taschentuch die Tränen aus dem Gesicht und fuhr fort: »Seine Stimme hatte sich total verändert. Ich hatte richtig Angst. Er hat mich dann einfach runtergedrückt, mit beiden Händen zu… zu… zu seinem Geschlechtsteil. Das hat auch richtig wehgetan, weil er sich mit seinen Fingern in meinen Haaren festgekrallt hat. Ich konnte nicht aus. Er war einfach zu stark. Ich habe versucht, irgendwie zu verhindern, dass er mich direkt zu seinem Ding hindrückt, und bin zur Seite ausgewichen. Dabei bin ich dann auf den Boden gefallen. Ich wollte gleich wieder aufstehen, aber er kam sofort zu mir und hat sich einfach auf mich gelegt, mit seinem gesamten Gewicht.«

Wieder liefen ihr die Tränen sichtbar über die Wangen. Trotz der zahlreichen Zuschauer im Saal war es mucksmäuschenstill, noch nicht einmal ein Räuspern oder ein kleines Husten war zu hören. Nur das Tippen der eifrig auf ihren Laptops mitschreibenden Prozessbeteiligten und Journalisten sorgte für eine monotone Geräuschkulisse, die mit dem Innehalten der Zeugin aber abrupt abriss.

»Es geht schon«, hörte man sie sagen, als ihr Anwalt ihr abermals ins Ohr flüsterte. Ihr Blick war ins Leere gerichtet. »Ich konnte mich nicht mehr bewegen. Ich wollte mich wehren! Irgendwie muss er es geschafft haben, mir das Höschen auszuziehen. Dann ist er mit voller Wucht in mich eingedrungen und hat mich vergewaltigt.«

Wieder kehrte eine gespenstische Ruhe im Saal ein, durchbrochen nur von dem raschelnden Geräusch beim Herausnehmen eines weiteren Taschentuchs aus der Packung. Schließlich fragte der vorsitzende Richter vorsichtig: »Und wie ging es dann weiter?«

»Dann habe ich dieses Klacken gehört, das immer lauter wurde. Irgendwann habe ich realisiert, dass das die Schritte von Stöckelschuhen waren, und ich wusste plötzlich, dass ich nicht allein bin. Ich habe zu ihm gesagt: ›Sie sind entdeckt!‹, und er hat augenblicklich von mir abgelassen und ist aufgesprungen, um sich schnell die Hose hochzuziehen. Ich hab meine Chance genutzt, bin ebenfalls aufgesprungen und weggerannt. Als ich dann auf Höhe der Bar war, habe ich gemerkt, dass ich mein

Höschen gar nicht anhatte und dass es noch irgendwo bei dem Lastwagen liegen musste. Ich bin sofort umgedreht und noch mal zurück. Ich konnte ja nicht ohne Unterhose rumlaufen! Als ich dort ankam, stand noch immer die Frau mit den Stöckelschuhen da und rauchte ihre Zigarette. Ich kannte sie, weil sie für den Schatzmeister unserer Partei arbeitet. Mir war das so unangenehm. Sie hat mich dann auch prompt gefragt, ob ich was verloren hätte. Ich habe mich in dem Moment so dumm gefühlt. Ich habe mich so geschämt...«

Jetzt brach es ungehindert aus der Zeugin heraus. Sie schluchzte so heftig, dass der Richter die Sitzung kurz unterbrach. Die Staatsanwältin stand auf, kniete sich vor die Zeugin und versuchte, sie zu beruhigen. Gleichzeitig legte ihr Anwalt ihr seine Hand auf die Schulter und redete beruhigend auf sie ein. Es half aber alles nichts: Weitere Fragen an sie schienen jetzt nicht mehr möglich.

Der Anblick der verzweifelt schluchzenden jungen Frau hinterließ einen nachhaltigen Eindruck bei den Anwesenden. Schon als das Gericht den Saal verließ, richteten sich alle Augen vorwurfsvoll auf den Angeklagten, der das Schauspiel regungslos verfolgte. Durch den emotionalen Moment war im Bewusstsein der Prozessbeobachter mittlerweile völlig in den Hintergrund getreten, wie er den sexuellen Kontakt zu der Zeugin am Tag zuvor geschildert hatte. Wie immer perfekt zurechtgemacht, in feinstem Zwirn und allen Anfeindungen zum Trotz immer noch mit seiner parteifarbenen Glückskrawatte, hatte er selbstsicher, ruhig und gefasst berichtet, wie sich der aus seiner Sicht einvernehmliche Geschlechtsverkehr ereignet hatte.

Die Praktikantin habe sich recht schnell an seiner Anzughose zu schaffen gemacht, wobei sie zuerst Schwierigkeiten mit den Knöpfen gehabt habe, sodass er selbst mit Hand habe anlegen müssen. Sie habe dann in seine Unterhose gegriffen und seinen Penis massiert. Er sei wahnsinnig euphorisiert gewesen, die Kommunikation sei beidseitig sehr anzüglich und derb gewesen. Gleichzeitig habe er die ganze Zeit über Angst gehabt, von einem der zahlreichen Partygäste erwischt zu werden, schließlich seien sie keine 50 Meter von der Bar entfernt gewesen. »Du hast einen riesigen Schwanz!«, habe sie gesagt, woraufhin er erwidert habe: »Nimm ihn in den Mund!« Dies habe sie sich nicht zweimal sagen lassen und sei sofort vor ihm auf die Knie gegangen. Er habe sie weder runtergedrückt noch sonst Gewalt angewendet, sie habe das aus freien Stücken getan. Dabei habe sie aber das Gleichgewicht verloren und sei ein Stück zur linken Seite gestolpert. Er habe noch versucht, sie aufzufangen, sei dabei aber mehr oder weniger auf sie gefallen. Sie hätten dann beide gelacht und sich einfach, am Boden aufeinanderliegend, weitergeküsst. Sie habe ihm geholfen, ihr Höschen unter dem Rock über ihre Schuhe hinweg auszuziehen, und dann sei es zum Sex gekommen – einvernehmlich und ohne Probleme beim Eindringen, sie sei schließlich sehr feucht gewesen.

Allerdings habe der Sex nicht sehr lange gedauert, denn schon nach einem kurzen Moment hätten sie die Schritte von Stöckelschuhen gehört. »O Gott, wir sind entdeckt worden!«, habe sie sinngemäß geflüstert, woraufhin sie beide sofort aufgestanden seien. Sie habe schnell ihren Rock und ihre Bluse gerichtet, er seine Hose hochgezogen und zugemacht. Sie hätten gesehen, wie eine andere Wahlhelferin aus dem Team seines parteiinternen Konkurrenten, des Schatzmeisters, um die Ecke des Lasters gebogen sei, um zu rauchen. Gemeinsam seien sie rasch und unauffällig an der Dame vorbei wieder in Richtung Bar gegangen und hätten sich dann getrennt.

Im Grunde stimmten die Aussagen der beiden vom äußeren Geschehensablauf her überein – bis auf die Frage des beidseitigen Einvernehmens und natürlich der behaupteten Gewaltanwendung.

Nach einer 30-minütigen Verhandlungspause wurde der Prozess schließlich fortgesetzt – allerdings traute sich der Richter kaum mehr, wirklich Fragen zu stellen. Die Praktikantin schilderte lediglich noch, wie sie, verwirrt und neben sich stehend, ihr Höschen am Boden hinter dem Laster gefunden und in ihre Handtasche gesteckt habe – dort, wo sie noch Minuten zuvor vergewaltigt worden sei. In diesem Moment sei ihr die Realität des Geschehens mit voller Wucht bewusst geworden, woraufhin sie weinend in den Armen der rauchenden Parteikollegin zusammengebrochen sei und ihr alles erzählt habe. Die habe sofort die Polizei rufen wollen, doch sie habe lieber nach Hause gewollt. Ihre Kollegin habe aber darauf bestanden, zumindest ihren Freund anzurufen, da sie in einem so fürchterlichen Zustand gewesen sei. Was sie ihrem Freund am Telefon genau erzählt habe, wisse sie nicht mehr, er habe sie jedenfalls abgeholt. Es wäre ihr aber lieber gewesen, die Kollegin hätte ihn nicht verständigt, denn er sei schier außer sich gewesen und habe sie am nächsten Tag gleich zum Gynäkologen schicken wollen. Sie habe die Sache aber unbedingt auf sich beruhen lassen wollen, weil ihr das alles so unangenehm gewesen sei. Deshalb habe sie sich letztlich auch nicht medizinisch untersuchen lassen. Auch ihr Kleid und ihr Höschen seien längst in der Wäsche gewesen, als sie einige Wochen nach dem Vorfall für sie völlig überraschend das erste Mal von der Polizei kontaktiert worden sei.

Was die Zuschauer im Gerichtssaal nämlich noch nicht wussten: Das mutmaßliche Opfer hatte den Politiker gar nicht selbst angezeigt. Die Polizei hatte aus ganz anderen Kreisen von der vermeintlichen Tat erfahren und dann entsprechende Ermittlungen eingeleitet.

Aber eins nach dem anderen.

Nachdem die völlig neben sich stehende Praktikantin von ihrem Freund von der Wahlparty abgeholt worden war, stellte die Kollegin mit den Stöckelschuhen den mutmaßlichen Täter direkt zur Rede. Das tat sie gleich derart öffentlichkeitswirksam, dass sogar der letzte Partygast mitbekam, dass da irgendetwas vorgefallen war – darunter auch der Schatzmeister der Partei. Dieser war nicht nur ärgster Konkurrent des Politikers, er hatte zudem auch insgeheim bis zuletzt darauf gehofft, selbst zur Wahl aufgestellt zu werden, hatte aber gegen den Charme des Rivalen keine Chance gehabt – in diesem Fall galt Schönheit vor Alter.

Für den Schatzmeister stand daher sofort fest, dass der Vorfall umfassend aufgeklärt werden musste, natürlich nur, um drohenden Schaden von der Partei abzuwenden. Oder anders gesagt: Der Wahlsieger musste unter allen Umständen weg.

Noch am selben Abend verhörte er seine Mitarbeiterin umfassend, um auf Grundlage von deren Aussage am nächsten Tag eine parteiinterne Untersuchungskommission einzuberufen – bestehend aus ihm und seiner Mitarbeiterin. Im Beisein seines Freundes musste das Opfer dann gegenüber den beiden Parteifreunden berichten, was ihm angetan worden war. Gewollt habe sie das im Übrigen nicht, denn sie habe gehofft, die Sache einfach nur vergessen zu können. Doch der Schatzmeister bestand darauf und am liebsten auch auf ihrer sofortigen Anzeige bei der Polizei. Schließlich lief aus seiner Sicht ein brutaler Vergewaltiger frei herum.

Weil aber die Praktikantin auch in der Folgezeit nicht dazu zu bewegen war, die Polizei einzuschalten, und sie die Sache auch nicht öffentlich machen wollte, entschloss sich der Schatzmeister kurzerhand, seiner, wie er es nannte, »staatsbürgerlichen Pflicht« nachzukommen, und übersandte seine parteiinternen »Untersuchungsergebnisse« an die Staatsanwaltschaft mit der Bitte, Ermittlungen einzuleiten. Politische Rivalitäten hätten dabei natürlich keine Rolle gespielt.

Die Berichterstattung über die kompromisslose Aufklärung des Schatzmeisters ließ logischerweise nicht lange auf sich warten, die innerparteilichen Konsequenzen für den einst so strahlenden Wahlsieger auch nicht.

Der Rest ist Geschichte.

Dass allerdings ein Opfer von sexueller Gewalt in seinem Wunsch, keine Anzeige zu erstatten, dermaßen übergangen wird, ist für viele womöglich nicht so logisch. Schließlich kann es gute Gründe für eine solche Weigerung geben, beispielsweise die Angst, das gesamte Tatgeschehen im Rahmen von polizeilichen, staatsanwaltschaftlichen und gerichtlichen Vernehmungen nochmals bewusst vor Augen geführt zu bekommen und dabei nicht nur die Tat quasi ein zweites Mal zu durchleben, sondern auch noch dem Täter im Gerichtssaal gegenübertreten zu müssen. Oder auch die Sorge, aufgrund der oftmals schwierigen Beweissituation vor Gericht als unglaubwürdig dazustehen. Was aber viele nicht wissen: In Deutschland wird auch dann ermittelt, wenn das Opfer – aus welchen Gründen auch immer – gar keine Anzeige erstatten möchte. Denn hierzulande gilt im Gegensatz zu vielen anderen Ländern der strenge strafprozessuale Rechtsgrundsatz, dass Polizei oder Staatsanwaltschaft, sobald sie Kenntnis von einer Straftat erlangen, diese auch rigoros verfolgen müssen. Deshalb kann eine einmal erstattete Anzeige nicht zurückgenommen werden, wie auch der Anzeige eines Dritten selbst dann nachzugehen ist, wenn diese ohne Wissen oder gar gegen den Willen des Opfers erfolgte. Das Opfer hat dann noch nicht einmal die Möglichkeit, die Aussage zu verweigern, sondern kann sogar dazu gezwungen werden – zunächst durch förmliche Vorladung mit Pflicht zum Erscheinen, notfalls aber auch mit Zwangsmitteln wie Zwangsgeld, Vorführung und selbst Beugehaft. Nur nahe Angehörige, Verlobte oder Ehepartner des Täters haben in einem solchen Fall ein Aussageverweigerungsrecht.

Die junge Praktikantin hatte also gar keine andere Wahl, als auszusagen. Nachdem der Schatzmeister die laienhaften Protokolle, die er bei ihrer »Vernehmung« über die vermeintliche Tat angefertigt hatte, an die Staatsanwaltschaft weitergeleitet hatte, musste diese den Vorwürfen nachgehen. Und ganz nebenbei verschaffte er sich damit auch einen neuen politischen Posten. Denn durch den par-

teiintern erzwungenen Rücktritt des einstigen Hoffnungs-
trägers rückte der Schatzmeister als unmittelbarer Listen-
platznachfolger auf den so frei gewordenen Platz nach.

Freilich war das Verfahren mit der Aussage des Angeklagten und der Vernehmung der Opferzeugin noch nicht
zu Ende. Ehe das Gericht die Beweisaufnahme schließen konnte, mussten zunächst sämtliche im Laufe der
umfangreichen Ermittlungen gesammelten Ergebnisse
in der Hauptverhandlung erörtert werden.

Die gerichtliche Vernehmung des ermittelnden Polizeibeamten sollte allerdings recht schnell zeigen, dass
sich keine wirklich relevanten Beweisergebnisse her-
ausarbeiten ließen – weder für die Schuld noch für die
Unschuld des Angeklagten. Von der Tat selbst hatte niemand etwas bemerkt. Andere Beweise gab es ohnehin
nicht mehr – die Zeugin war ja nicht beim Arzt gewesen
und die am Abend getragene Kleidung hatte sie bereits
gewaschen. Ihre Behauptung von Gewaltanwendung war
also weder zu beweisen noch zu widerlegen.

Selbstverständlich wurde auch jene Parteikollegin vernommen, die mit ihren lauten Stöckelschuhen zufällig
zum Ort des Geschehens hinter dem Bierlaster gekommen war, um zu rauchen. Auch wenn sie gleich zu
Beginn der Vernehmung betonte, von der Schuld des
»Täters« zu 100 Prozent überzeugt zu sein – wirklich
Essenzielles konnte auch sie nicht beitragen, denn sie
hatte die vermeintliche Vergewaltigung ja nicht mit eigenen Augen gesehen. In dem Moment, als sie um die Ecke
des Bierlasters gebogen sei, habe sie lediglich zwei Gestalten bemerkt, die an ihrer Kleidung herumgezupft hätten

und dann hastig an ihr vorbeigegangen seien. Wegen der nur schummrigen Beleuchtung habe sie auch erst, als die beiden ganz nah gewesen seien, erkannt, dass es sich bei der einen Person um den Wahlsieger des denkwürdigen Abends gehandelt habe. Ihr sei die Situation zunächst schon irgendwie komisch vorgekommen, und sie habe sich kurz gefragt, was die beiden dahinten wohl gesucht hätten, diesen Gedanken aber nicht weiter fortgesponnen, weil sie endlich ihre Mutter habe zurückrufen wollen, um ihr von dem fulminanten Sieg ihrer Partei zu erzählen und dabei eine Zigarette zu rauchen. Als wenige Minuten später die junge Frau von gerade eben wieder zum Bierlaster zurückgekehrt sei und irgendwas am Boden gesucht habe, habe sie sich aber doch gewundert und sie gefragt, ob sie etwas verloren habe und sie ihr irgendwie helfen könne. Unmittelbar auf diese Frage habe die Frau fürchterlich zu weinen begonnen und sei ihr schluchzend in die Arme gefallen. Nach und nach habe sie ihr erzählt, was passiert sei. Das Angebot, sofort die Polizei zu verständigen, habe sie jedoch vehement abgelehnt. Nachdem die junge Frau von ihrem Freund abgeholt worden sei, sei sie, die Parteikollegin, direkt zu dem Politiker gegangen, der mittlerweile wieder an der Bar gestanden und sich angeregt mit einigen Gästen unterhalten habe, und habe ihm mit den Worten »Du mieses Schwein« eine unvermittelte Ohrfeige verpasst.

Vollends von der Schuld des Mannes überzeugt, sei sie Teil der vom Schatzmeister einberufenen »Untersuchungskommission« gewesen, gegenüber der das Opfer die ganze Tat zum ersten Mal detailliert geschildert habe. Auch der nunmehr Angeklagte sei von der »Untersuchungskommission« zur Stellungnahme aufgefordert worden – er habe den Vorfall damals aber brüsk von sich gewiesen und erklärt, dass es sich hierbei allenfalls um ein Missverständnis handle. Dank ihrer Teilnahme an der Arbeitsgruppe zur Sexualstrafrechtsreform – welche der Angeklagte damals sogar selbst geleitet habe – habe sie darin ganz klar eine der typischen Rechtfertigungsstrategien von Tätern erkannt: Verharmlosung der Tat und Schuldumkehr, indem die Verantwortung auf das Opfer geschoben werde. Der Nebenklageanwalt nickte beifällig.

Die Nachfrage des Gerichts, ob die Tränen des mutmaßlichen Opfers ihrem Empfinden nach damals echt gewesen seien, bejahte sie; ein solch bitterliches Weinen und Schluchzen könne definitiv keiner vorspielen.

Ähnliches erklärte auch der Freund der Geschädigten. Der junge Arzt, der sie an diesem Abend in ihrem völlig aufgelösten Zustand abgeholt und in die gemeinsame Wohnung gebracht hatte, hegte nach eigener Angabe von Anfang an keine Zweifel daran, dass seine Freundin die Wahrheit sagte. Sie wäre gar nicht dazu imstande, ihn zu betrügen.

Dem Gericht reichte, was es so weit gehört hatte. Andere Ermittlungsansätze gab es ohnehin nicht und trotz der Tatsache, dass hinsichtlich der im Raum stehenden Vergewaltigungsvorwürfe lediglich die Aussage der jungen Praktikantin der bestreitenden Aussage des schillernden Politikers gegenüberstand, war das Gericht nun gehalten, ein Urteil zu fällen. Es schloss die Beweisaufnahme und bat um die Plädoyers.

Die Staatsanwältin führte wortgewaltig aus, dass sich der Sachverhalt, so wie er angeklagt sei, vollumfänglich bestätigt habe. Zwar stehe letztlich Aussage gegen Aussage, aber die Einlassung des Angeklagten sei eine bloße Schutzbehauptung. Schon dass er nicht von Anfang an mit der vollständigen Version seiner Geschichte herausgerückt sei, sondern erst geleugnet habe, nur um dann zu behaupten, es handle sich um ein »Missverständnis«, spreche massiv gegen ihn. Im Gegensatz zur Aussage des Opfers sei seine Aussage damit nicht konstant und insoweit auch nicht glaubhaft. Im Übrigen habe er seine Angaben vor Gericht lediglich dem Ermittlungsergebnis angepasst. Erst als er erfahren habe, dass eine andere Zeugin das Opfer dabei beobachtet habe, wie es sein Höschen hinter dem Laster gesucht habe, es also keinerlei Zweifel mehr an einem sexuellen Kontakt habe geben können, habe er diesen nämlich zugegeben.

Das Opfer hingegen habe überhaupt keinen Belastungseifer gezeigt, obwohl es doch gerade, wenn es ihn hätte falsch beschuldigen wollen, nicht von einer Anzeige abgesehen hätte. Sie habe ja noch nicht einmal aussagen wollen, sondern dies letztlich nur getan, weil sie gesetzlich dazu verpflichtet gewesen sei. Wenn es nach ihrem persönlichen Willen gegangen wäre, hätte es gar keinen Strafprozess gegeben. Auch habe das Opfer keinerlei Motiv für eine Falschaussage. Schließlich habe sie weder irgendwelche Schmerzensgeldansprüche an den Politiker gestellt, noch habe sie – anders als der Schatzmeister – von seinem Karriereaus profitiert. Der Angeklagte habe hingegen allen Grund zu lügen, immerhin gehe es bei ihm nicht nur um seine Reputation als politischer Saubermann, sondern auch um seine weitere Freiheit, sollte er wegen Vergewaltigung verurteilt werden.

Besonders glaubhaft sei die Aussage der Geschädigten aber vor allem dadurch, dass sie umso emotionaler
geworden sei, je näher sie in ihren Ausführungen der
sexuellen Tathandlung gekommen sei, man denke allein
an den tränenreichen Zusammenbruch vor Gericht, aber
auch an ihr Verhalten in der Tatnacht gegenüber der Zeugin mit den Stöckelschuhen, die darüber hinaus angegeben habe, dass die Tränen definitiv echt und nicht
gespielt gewesen seien. Auch sei die Aussage des Opfers
in sich stimmig und schlüssig. Insbesondere die detail-
lierten Aktionsschilderungen der verschiedenen sexuellen Handlungen seien wie aus der Pistole geschossen gekommen, ohne dass sie groß darüber hätte nachdenken
müssen. Sie habe keine zögerlichen Denkpausen gemacht
und eine zusammenhängende, plausible Geschichte geschildert.

Der Opferanwalt schloss sich den Ausführungen der
Anklage an. Abgesehen von einer wortreichen Beschrei-
bung der schweren Folgen des Verbrechens für seine
Mandantin war für ihn sowieso schon alles gesagt.

Die Verteidigung wies in ihrem Plädoyer die Schlussfolgerungen der Staatsanwältin entschieden zurück. Die
tränenreichen Zusammenbrüche und die Emotionalität
des Opfers würden bei der Bewertung seiner Glaubwürdigkeit überhaupt keine Rolle spielen. Schließlich gebe es
keinerlei wissenschaftliche Belege dafür, dass körperliche
Reaktionen wie Weinen, Erröten oder dergleichen einen
Rückschluss auf den Wahrheitsgehalt einer Aussage
zuließen. Genügend Menschen seien in der Lage, auf
Knopfdruck zu weinen, man denke nur an Schauspieler,
und außerdem wisse man nicht, welche konkrete Emo-

tion im Gehirn der Zeugin die Tränen ausgelöst habe –
dafür kämen auch psychische Belastung oder eingeredetes Selbstmitleid in Betracht.

Zwar habe der Angeklagte einen Fehler begangen, als
er sich mit einer ihm untergebenen Praktikantin eingelassen habe, seine Machtposition habe er hierbei aber
nicht missbraucht. Er habe sich eher passiv verhalten, die
Annäherungsversuche seien – zumindest anfänglich –
von ihr ausgegangen. Er müsse sich den Vorwurf gefallen lassen, ihr nicht widerstanden zu haben und letztlich
auch seine Frau betrogen zu haben, dies seien aber rein
moralische Fehltritte, über die ein Strafgericht sich kein
Urteil zu bilden habe.

Und dass das mutmaßliche Opfer keinen Belastungseifer gezeigt habe und den Angeklagten noch nicht einmal
habe anzeigen wollen, geschweige denn gegen ihn aussagen, lasse sich auch genauso gut damit erklären, dass
es genau wisse, dass die Anschuldigungen falsch seien
und der Sex vielmehr, so wie vom Angeklagten beschrieben, einvernehmlich gewesen sei. Ein Motiv für ihre Lüge
könnte sein, dass sie, weil sie zusammen mit dem Angeklagten in einer kompromittierenden Situation erwischt
worden sei, Angst um ihren Ruf und ihre eigene weitere
Karriere gehabt habe. Diese Sorge wäre bei einer Vergewaltigung hingegen völlig aus der Welt geschafft, da sie
dann ja keine Schuld an dem sexuellen Kontakt trüge. Im
Übrigen sei doch bemerkenswert, dass das Opfer, obwohl
die angebliche Tat in unmittelbarer Nähe einer großen
Party mit vielen Besuchern geschehen sei, nicht um Hilfe
gerufen habe.

Und nun? Wie also sollte das Gericht entscheiden?

Man könnte meinen, dass diese Frage zumindest im Strafprozess einfach zu beantworten sei: Der Ankläger – also die Staatsanwaltschaft – muss dem Angeklagten die Tat zweifelsfrei nachweisen. Wer etwas behauptet, muss es schließlich auch beweisen. Ansonsten ist der Angeklagte zwingend freizusprechen.

Doch wann genau ist etwas bewiesen? Was ist nötig, um eindeutig festzustellen, dass jemand schuldig ist?

Nach Auffassung der Staatsanwaltschaft sollte das Gericht am Ende des Prozesses zu dem Schluss gelangen, dass der smarte und bislang sorgsam auf seine Außenwirkung bedachte Politiker nach einem fünfminütigen Kennenlernen an der Bar eine ihm bis dato Unbekannte hinter einen Bierlaster gelockt und vergewaltigt hatte – direkt neben seiner großen Wahlkampffeier und den dort anwesenden Partygästen.

Kann sein, kann aber auch nicht sein. Jedenfalls bräuchte man für eine solche Schlussfolgerung gute Gründe. Es muss – zumindest in einem Rechtsstaat – etwas Objektives, Verifizierbares, Nachvollziehbares geben. Beweise eben.

Im Fall des Politikers und der Praktikantin würde also die alles entscheidende Frage lauten, anhand welcher Beweise das Gericht von der Schuld des Angeklagten überzeugt oder auch gerade nicht überzeugt ist – soweit es überhaupt zu einer Überzeugung in die eine oder andere Richtung gelangen kann.

Das deutsche Strafrecht kennt vier Beweismittel, anhand derer die richterliche Überzeugung gebildet werden darf:

1. einen Sachverständigen

2. Urkunden

3. Inaugenscheinnahme

4. Zeugen

Klingt logisch, schließlich überzeugt es, wenn ein Sachverständiger, zum Beispiel ein Arzt, aussagt, dass der Autofahrer zum Zeitpunkt der Polizeikontrolle einen Blutalkoholwert von 3,3 Promille hatte und deshalb nicht in der Lage war, das Auto sicher zu führen. Wenn dann noch ein Zeuge, etwa ein Polizeibeamter, den Angeklagten in diesem Zustand am Steuer angetroffen hat, kann eine Verurteilung wegen Trunkenheit im Verkehr die unmittelbare Folge der Überzeugungskraft dieser Beweise sein.

Ähnlich ist es, wenn bei einem Betrugsfall ein Kontoauszug (= Urkunde) zeigt, dass der Täter zum Zeitpunkt des Vertragsabschlusses gar kein Geld besaß. Denn daraus ergibt sich, dass er nicht liquide war und gegenüber dem Vertragspartner allem Anschein nach niemals die versprochene Gegenleistung hätte erbringen können – er ihn also in Hinblick auf seine Zahlungsfähigkeit betrogen haben muss.

Doch wie sieht es im Fall des Politikers aus?

Mit Ausnahme der mutmaßlichen Opferzeugin scheinen auf Anhieb keine anderen Beweismittel[1] zur Verfü-

---

1 Als *Beweis* gelten nur Tatsachen, aus denen sich die Schuld eines Täters nahezu zwingend ergibt. Gäbe es beispielsweise ein Video, auf dem eindeutig zu erkennen wäre, wie der Täter die Opferzeugin vergewaltigt, wäre das eine unmittelbare Tatsache, aus der man schließen dürfte, dass der Angeklagte schuldig ist. Es handelte sich also um

gung zu stehen, aus denen sich die Schuld des Angeklagten unmittelbar ableiten ließe: Die Praktikantin behauptet, vergewaltigt worden zu sein, der Politiker bestreitet dies und sagt, es sei einvernehmlich gewesen. Darüber hinaus gibt es keine Kameraaufzeichnung (Augenscheinsbeweis), keinen heimlichen Beobachter, der das unmittelbare Tatgeschehen gesehen hätte (Zeugenbeweis), auch keine schriftliche Erklärung, etwa ein Geständnis des Politikers, dass alles genau so war, wie die Praktikantin es angegeben hat (Urkundenbeweis). Und einen Sachverständigenbeweis, zum Beispiel im Rahmen einer ärztlichen Untersuchung auf irgendwelche medizinischen Spuren, die auf eine Vergewaltigung hingedeutet hätten, gibt es auch nicht, denn alle möglicherweise noch verfügbaren Spuren wurden ja von der zur Anzeige unwilligen Zeugin nicht gesichert oder sogar beseitigt.

Bedeutet das nun also Freispruch mangels eindeutiger Beweise?

Nicht ganz, denn es gibt ja immerhin zwei Personen, die bei der mutmaßlichen Tat dabei waren: den Täter und das Opfer. Beide könnten aufgrund ihrer eigenen unmittelbaren Wahrnehmungen als Zeugen dienen und damit als Beweismittel für beziehungsweise gegen die behauptete Tat. Allerdings gibt es da – zumindest nach Auffassung des deutschen Strafrechts – ein Problem: Der Ange-

---

einen Beweis. Ähnlich verhält es sich mit Zeugen. Hätte jemand die Tat beobachtet, wäre das ein Beweis. *Indizien* sind hingegen bloße Rückschlüsse, die für sich allein genommen noch nichts beweisen. Wird etwa DNA des Täters am Tatort gefunden, legt das nur nahe, dass der Täter am Tatort gewesen sein könnte. Ob er die Tat begangen hat oder aber jemand seine DNA dort mutwillig platziert hat, lässt sich daraus nicht erkennen.

klagte oder Beschuldigte einer möglichen Straftat ist ja parteiisch. Ihm droht schließlich im Falle einer Verurteilung eine Strafe. Wäre er als Zeuge zugelassen, wäre er daher kaum ein neutrales Beweismittel, auf das man ein zweifelsfreies Urteil stützen könnte. Umgekehrt würde die Rolle als Zeuge für jeden Verdächtigen bedeuten, dass er im Falle der Schuld letztlich gegen sich selbst aussagen müsste. Der Staat ist aber angehalten, niemanden in eine Konfliktlage zu bringen, in der er versucht ist, durch Falschaussagen eine weitere Straftat zu begehen, oder wegen seines Schweigens in Gefahr gerät, staatlichen Zwangsmitteln unterworfen zu werden. Es gilt daher der verfassungsrechtlich geschützte Grundsatz, dass man sich als Beschuldigter oder Angeklagter einer Straftat weder selbst bezichtigen noch an seiner Überführung mitwirken muss. Deshalb ist ein Beschuldigter oder Angeklagter in Deutschland auch nicht verpflichtet, die Wahrheit zu sagen. Er darf buchstäblich lügen, dass sich die Balken biegen.

Dementsprechend kann er aber auch nicht Zeuge sein. Denn es wäre ziemlich unsinnig, einem Zeugen einen Beweiswert zuzusprechen, wenn von vornherein klar ist, dass er nicht verpflichtet ist, die Wahrheit zu sagen, und im Falle einer Falschaussage keinerlei Konsequenzen zu befürchten hat. Dies ist auch einer der wichtigsten Gründe, warum im Umkehrschluss die Falschaussage eines Zeugen – übrigens in beinahe jedem Land dieser Welt – strafbar ist.

Dasselbe Prinzip wie für den Angeklagten gilt allerdings nicht für den Geschädigten einer Tat. Nach deutschem Recht darf er nämlich Zeuge sein und damit dem

Gericht zur Überzeugungsbildung dienen. Das hat zur Folge, dass in Fällen, in denen die einzige Aussage von dem – echten oder vermeintlichen – Opfer selbst stammt, letztlich alle Glieder der »Beschuldigungskette« auf dem Wort einer Person beruhen, die nicht unbedingt neutral ist.

Auch die Praktikantin hatte als Opferzeugin, selbst wenn sie das Verfahren nicht wollte, zumindest ein Interesse daran, dass man ihr glaubte. Dies mag zwar für jeden Zeugen gelten, aber ein neutraler Beobachter hat üblicherweise kein vordergründiges Motiv, zu unter- oder übertreiben, etwas wegzulassen, etwas Falsches zu ergänzen oder gar dreist zu lügen. Der Opferzeuge dagegen ist selbst unmittelbar betroffen und schon deshalb anders zu bewerten als ein neutraler Zeuge, dem der Ausgang des Prozesses egal ist. Er nimmt vielmehr ebenso eine Parteirolle ein, welche sich von der des Beschuldigten/Angeklagten nicht maßgeblich unterscheidet. Der eine will nicht wegen der Aussage des anderen verurteilt werden, und der andere will, dass man ihm seine Aussage glaubt und der andere wegen seiner Aussage verurteilt wird.

Dass man also einer einzelnen Zeugenaussage – noch dazu der des oder der Betroffenen – überhaupt einen Beweiswert zuerkennt, ist nicht ganz unproblematisch und widerspricht im Übrigen sogar einer jahrtausendealten Tradition. Denn schon der aus dem Alten Testament bekannte König Salomon hatte elementare Schwierigkeiten dabei, zu entscheiden, wessen Aussage er glauben sollte, als zwei Frauen behaupteten, die Mutter ein und desselben Kindes zu sein. Klar war nur, eine der beiden musste lügen – und DNA-Tests gab es damals noch nicht.

Weil aber wohl schon zu Zeiten des Alten Testaments Salomons Lösungsansatz zur Aussage-gegen-Aussage-Problematik als etwas zu martialisch und anachronistisch galt (wir erinnern uns: Er nahm ein Schwert und deutete an, das Kind in zwei Hälften teilen zu wollen, was wiederum die wahre Mutter dazu veranlasste, klein beizugeben, um das Leben ihres Kindes zu retten), ist bereits im 4. Buch Mose zu lesen, dass eine Anklage, die ausschließlich auf den Angaben eines einzelnen Zeugen basiert, zurückzuweisen ist – getreu dem Motto: »Ein Zeuge, kein Zeuge«, »Nur durch zweier Zeugen Mund wird Wahrheit kund« oder »Mit dem zweiten sieht man besser ...«

Macht man sich dann noch bewusst, dass die Zahl der falschen Anschuldigungen durch Zeugen, die zugleich Opfer sind, laut polizeilicher Kriminalstatistik bei etwa 7 bis 8 Prozent liegt, laut Dunkelfeldforschungen bei 3 bis 20 Prozent und laut Statistiken aus der Opferambulanz bei deutlich über 50 Prozent und dass Motive wie das Streben nach Aufmerksamkeit oder einer Ausrede, Rache, Eifersucht, Verschleierung, Rechtfertigung, Angst sowie psychische Erkrankungen altbekannte Beweggründe für das Vortäuschen von Straftaten sein können, möchte man meinen, dass es womöglich doch keine so gute Idee ist, Personen, die selbst betroffen und damit grundsätzlich parteiisch sind, als zentrales Beweismittel zur richterlichen Überzeugungsbildung zuzulassen.

Daran ändert auch die Tatsache wenig, dass der Zeuge – und damit auch das Opfer – im Gegensatz zum Beschuldigten/Angeklagten gesetzlich dazu verpflichtet ist, die Wahrheit zu sagen. Schließlich muss eine gesetzliche Wahrheitspflicht niemanden davon abhalten, trotzdem zu lügen, zumal man einer Lüge auch erst einmal überführt werden muss und die faktischen Strafen für eine uneidliche Falschaussage in Deutschland nicht sonderlich hoch sind.

In anderen Ländern dieser Welt – wie etwa Schottland oder einigen Bundesstaaten der USA – ist eine Beweiswürdigung oder gar Verurteilung ausschließlich aufgrund der alleinigen Aussage des mutmaßlichen Opfers genau deshalb völlig undenkbar. Dort bedarf es zumindest weiterer Zeugen- oder Sachbeweise, welche die Aussage des Opfers stützen. Würde etwa eine Zeugin behaupten, dass jemand mit seinem grünen Auto in ihr parkendes Fahrzeug gefahren sei, müsste es zumindest einen weiteren Zeugen geben, der zum Beispiel am Auto des Beschuldigten später grüne Kratzspuren bemerkt hat. Ohne einen solchen zusätzlichen Beweis würde eine Anklage überhaupt nicht zugelassen werden.

Auch im Fußball, der Deutschen liebsten Sportart, gäbe es wohl lautstarke Proteste, wenn etwa beim Finale der Fußballweltmeisterschaft zwischen Deutschland und Holland der Schiedsrichter nicht nur ein holländischer Staatsbürger wäre, sondern darüber hinaus auch noch ein holländischer Mitspieler...

Man kann also durchaus verstehen, dass der Großteil der Menschen davon überzeugt ist, dass in Fällen, in denen es lediglich die Aussage eines einzelnen, noch dazu parteiischen Zeugen gibt, aber sonst keinen weiteren Beweis, eigentlich eine Pattsituation besteht, die einen eindeutigen Schuldspruch schlicht nicht zulässt. Doch das gegenwärtige deutsche Strafrecht geht einen anderen Weg: Eine Aussage-gegen-Aussage-Konstellation stellt hier keinerlei Hindernis dar, dennoch zu einer Verurteilung eines Angeklagten zu gelangen. Dies soll noch nicht einmal im Widerspruch zu dem von Strafverteidigern, Angeklagten und der breiten Öffentlichkeit viel zitierten Grundsatz »im Zweifel für den Angeklagten« stehen: Denn dieser besagt im deutschen Recht nämlich nicht, *wann* ein Gericht Zweifel haben muss, sondern nur, wie ein Gericht zu entscheiden hat, *wenn* es nach Würdigung aller Beweise noch Zweifel hat. *Wie* das Gericht einen Beweis bewertet, bleibt ihm selbst überlassen. Es gibt keine Vorschriften, unter welchen Voraussetzungen es eine Tatsache für bewiesen oder nicht bewiesen zu halten hat. Entscheidend ist vielmehr die freie Überzeugung des Tatrichters, der aus einem Beweis damit jeden erdenklichen Schluss ziehen kann und dabei noch nicht einmal von anderen alternativen Schlussfolgerungen eingeschränkt wird. Bei mehreren möglichen Schlussfolgerungen muss das Gericht deshalb auch nicht die für den Angeklagten günstigste wählen.

Behauptet etwa ein des Mordes Beschuldigter, er sei zum Tatzeitpunkt zu Hause gewesen, und ergibt die Funkzellenauswertung seines Handys, dass er sowohl am Tatort als auch zu Hause eingeloggt gewesen sein könnte (weil beides in derselben Funkzelle liegt), ist der Richter nicht gehindert, zu der persönlichen Überzeugung zu gelangen, dass der mutmaßliche Mörder entgegen seiner Aussage am Tatort war.

Der Richter erhält damit per Gesetz die Fähigkeit, aufgrund einer zweifelhaften Beweislage zu verurteilen, sofern er nur selbst nach dem Ergebnis der Beweisaufnahme keine Zweifel mehr hegt – selbst wenn andere zu der übereinstimmenden Auffassung kommen, dass der Richter angesichts der Umstände des Falles durchaus erhebliche Zweifel hätte haben müssen. Dies soll auch und gerade dann gelten, wenn es Aussage gegen Aussage steht, und nach der höchstrichterlichen Rechtsprechung sogar so weit gehen, dass selbst dann noch eine Verurteilung möglich ist, wenn sich ein Teil der Aussage des Belastungszeugen als erweislich falsch herausstellt. Das Sprichwort »Wer einmal lügt, dem glaubt man nicht« hat zumindest im deutschen Strafrecht nur geringe Bedeutung.

Im Fall des Politikers schien das Gericht jedenfalls keine Zweifel an dessen Schuld zu haben: Es folgte dem Plädoyer der Staatsanwältin und verurteilte ihn zu knapp sechs Jahren Gefängnis. In der Urteilsbegründung hieß es unter anderem, man habe die Zeugin und ihre Angaben als sehr glaubwürdig empfunden. Ein tragender Grund hierfür sei ihre starke emotionale Reaktion gewesen. Getreu dem Motto: Tränen lügen nicht. Zugleich wurde gegen den bis zuletzt siegessicher im schicken Anzug und mit parteifarbener Glückskrawatte auftretenden Politiker Haftbefehl erlassen und der sofortige Vollzug der Untersuchungshaft angeordnet. Das bereits anberaumte Interview mit Pressevertretern vor dem Gericht, in welchem er sein politisches Comeback nach dem Freispruch vorbereiten wollte, musste ausfallen.

Wenn ich Ihnen sage, dass ich Anwalt bin, dann können Sie mir das glauben oder auch nicht. Es ist aber egal, ob Sie es glauben, denn diese Aussage ließe sich durch

Dokumente belegen. In unserem Fall gibt es aber keine Dokumente und auch keine anderen objektiven Belege. Nur sich widersprechende Behauptungen zweier Personen.

Ein Physiker, der dem Nobelpreiskomitee verkündete: »Es gibt einen neuen Stern, ich kann es nur noch nicht beweisen!«, würde wohl kaum ernst genommen werden. Ohne naturwissenschaftlichen Beweis »gibt« es den Stern nicht, weder Vermutungen noch Thesen oder Anhaltspunkte lassen ihn erstrahlen. Im Fall des Politikers, bei dem es nicht um die Entdeckung irgendeines Himmelskörpers geht, sondern darum, ob ein Familienvater mit Frau und zwei minderjährigen Kindern für bis zu 15 Jahre ins Gefängnis gesperrt werden kann, soll anstelle objektiver Sachbeweise eine einzelne Aussage treten? Dürfte ein Urteil mit den Worten eines renommierten Rechtsprofessors dann auch lauten: »Der Angeklagte ist es ziemlich wahrscheinlich gewesen und wird deshalb zum Tod durch den Strang verurteilt«?[2] Wird ein solches Urteil dadurch erträglicher, dass anstelle der Todesstrafe jemand »lebenslänglich« oder auch nur für 15 Jahre weggesperrt wird?

Was wirklich passiert ist, lässt sich ohne weitere Beweise kaum rekonstruieren. Das Recht und die Gesellschaft verlangen aber vom Richter, dass er sich von der objektiven Wahrheit eines Geschehens überzeugt, an der es keine vernünftigen Zweifel mehr gibt. Insofern frage ich Sie ganz direkt:

Überzeugt es Sie, dass man zu zweit in eine dunkle

---

2   Aus: Klaus Volk, *Die Wahrheit vor Gericht*

Ecke hinter einem LKW verschwindet, nur um zu »reden«, oder könnte es zum Beispiel auch so gewesen sein, dass die beiden sich alkoholisch enthemmt auf ein kleines Abenteuer eingelassen haben oder die Praktikantin für ihren Schwarm einen unmoralischen Fehltritt begangen hat, sich womöglich gar einen Karrieresprung durch sexuelle Gefälligkeiten verschaffen wollte?

Überzeugt es Sie, dass ausgerechnet auf einer gut besuchten Party eine brutale Vergewaltigung stattfindet, wo doch jederzeit mit einer Entdeckung der Tat zu rechnen ist? Oder könnte sich der Täter zum Beispiel angesichts der lauten Musik genau diesen Umstand bewusst zunutze gemacht haben?

Überzeugt es Sie, dass das Opfer noch nicht einmal um Hilfe gerufen hat, oder kann es schlicht sein, dass es völlig perplex und von der Tat überrumpelt gar nicht zum Schreien imstande war?

Überzeugt es Sie, dass der Angeklagte es ohne Schwierigkeiten geschafft hat, dem Opfer gegen dessen Willen das Höschen auszuziehen, sogar über die Schuhe hinweg, oder ist das aufgrund seiner körperlichen Überlegenheit nicht wirklich ausgeschlossen?

Überzeugt es Sie, dass der Angeklagte weniger glaubwürdig ist, weil er zunächst sämtliche Vorwürfe bestritten hat? Oder könnte man ihm auch zugutehalten, dass kaum zu erwarten war, dass er ausgerechnet gegenüber seinem innerparteilichen Gegner den außerehelichen Verkehr zugibt und damit sein Saubermannimage ruiniert?

Überzeugt es Sie, dass die Weigerung des Opfers, den mutmaßlichen Täter anzuzeigen, darin begründet ist, die

Tat nicht noch einmal vor Gericht durchleben zu wollen und Angst vor einer erneuten Begegnung mit dem Täter zu haben? Oder könnte der Grund auch sein, dass die junge Frau schlicht gelogen hat und eine Aussage vor Gericht deshalb vermeiden möchte?

Überzeugt es Sie, dass die Motive eines Opfers, bewusst wahrheitswidrig auszusagen, Scham und Peinlichkeit sein könnten, weil es ausgerechnet von einer Kollegin beim Sex mit dem Chef und gleichzeitig beim Fremdgehen entdeckt worden ist? Oder ist das nahezu ausgeschlossen?

Überzeugt es Sie, dass ein Opfer nur deshalb so detailliert und konstant aussagt, weil es die Tat genau so erlebt hat, und nicht, weil es kaum einen Unterschied zwischen der Version des einvernehmlichen und des nicht einvernehmlichen Geschehensablaufs gibt?

Überzeugt es Sie, dass die Aussage eines Opfers schon deshalb besonders glaubwürdig sein soll, weil es während der Schilderungen der sexuellen Tathandlungen emotional wird und weint, wenngleich nach einhelliger wissenschaftlicher Meinung ein zuverlässiger Schluss von festgestellten Verhaltensauffälligkeiten auf ein stattgefundenes Sexualdelikt nicht möglich ist?

Kann das, was die junge Praktikantin vor Gericht geschildert hat, wirklich alles so gewesen sein?

Ja, kann es.

Kann es auch anders gewesen sein?

Ja, kann es auch.

Die Wahrheit könnte auch in der Mitte liegen.

Zum Beispiel könnte die junge Frau aus Höflichkeit, Unsicherheit oder Eitelkeit den Avancen des Politikers bis zu einem gewissen Punkt nachgegeben haben und er – erregt und vom Alkohol enthemmt – gar nicht gemerkt haben, dass irgendwann die Stimmung und damit auch das Einvernehmen der Praktikantin kippte. Vielleicht hatte sie auch der eigenen Reputation oder gar der Karriere wegen oder womöglich aus falsch verstandener Rücksichtnahme auf die Karriere des Chefs ihren Widerwillen nicht deutlich kommuniziert – oder dies zumindest nicht erkennbar genug –, sodass dem Angeklagten gar nicht bewusst war, dass er zu weit ging.

Liebe Leserin, lieber Leser, wenn Sie sich hier im Zweifel für den Angeklagten entschieden hätten, so bliebe dem mutmaßlichen Opfer nur zu hoffen, dass die nächsthöhere Gerichtsinstanz es womöglich anders gesehen hätte. Dasselbe gilt umgekehrt für den Angeklagten, wenn Sie ihn – so wie das erstinstanzliche Gericht auch – verurteilt hätten.

Vermutlich fragen Sie sich jetzt, wie das Gericht im vorliegenden Fall zu seiner Überzeugungsbildung gelangt ist, wie es das Urteil trotz der bloßen Aussage des Opfers, einer einzelnen Zeugin also, so begründen konnte, dass es gegenüber der bestreitenden Aussage des Politikers Bestandskraft hat. Wem wird im Alltag der Gerichtspraxis eigentlich eher Glauben geschenkt: dem Opfer, dem Täter, jemandem, der grundsätzlich als glaubwürdig gilt? Wird eher auf körperliche Symptome wie etwa beim Lügendetektortest vertraut, oder spielt am Ende vielleicht doch eher Art und Inhalt einer Aussage die entscheidende Rolle? Und inwiefern kann man sich auf die eigene Intuition verlassen?

Ich lade Sie herzlich ein, diesen Fragen in den nächsten Kapiteln weiter auf den Grund zu gehen.

Aber Vorsicht! Nicht nur Gesetze, auch Urteile sind bisweilen wie Würste: Es kann einem ganz schön übel werden, wenn man sieht, wie sie gemacht werden.

Das dachte sich wohl auch der einst so smarte Politiker und entschied sich dagegen, das nächsthöhere Gericht mit seinem Fall zu bemühen.

Noch am Abend seiner Verurteilung fand man ihn in seiner Zelle, erhängt mit seiner parteifarbenen Krawatte.

NUR ZWEIER ZEUGEN MUND
TUT WAHRHEIT KUND

Manche Menschen mag man, mit anderen kommt man nicht so sonderlich gut klar. Und manche polarisieren einfach, weil sie bei ihren Mitmenschen regelmäßig starke Gefühle auslösen – entweder man liebt sie, oder man hasst sie.

So wie Karl K. – schon als Person, aber ganz besonders in seiner Tätigkeit als Strafverteidiger sorgte er für gespaltene Meinungen. Nicht wenige seiner Mandanten verehrten ihn wie einen Messias, selbst hart gesottene Verbrecher vertrauten ihm ihr Leben an. Doch in Justizkreisen war Karl verhasst wie kein Zweiter. Es gab kaum einen Richter oder Staatsanwalt, der nicht sofort die Augen verdrehte, wenn sein Name fiel. Der Hass auf Karl war hier wirklich flächendeckend und reichte vom hohen Bundesrichter bis hin zum Amtsanwalt für Verkehrsordnungswidrigkeiten. Sein erbitterter Ehrgeiz, sein forsches und freches Auftreten bei Gericht und sein sehr, sehr konfrontativer Verhandlungsstil mochten dazu beigetragen haben, seinen Ruf zumindest bei der Justiz dauerhaft zu ruinieren. Mit zahlreichen Richtern, Staatsanwälten und Kriminalkommissaren war Karl schon so heftig aneinandergeraten, dass diese außerhalb des Gerichtssaals kein Wort mit ihm wechselten. Und alle anderen hatten genug Geschichten über ihn gehört, dass sie ihm noch voreingenommener gegenübertraten als den Angeklagten.

Auch unter den meisten Anwaltskollegen genoss Karl kein sonderlich gutes Standing, viele sprachen abschätzig über ihn, und nicht wenige hielten ihn für einen aufgeblasenen Nichtskönner, der seine Mandanten geradewegs in den Knast verteidigte. An Gesprächsstoff über Karl mangelte es nicht, denn ob Terroristen, Mörder, Mafiabosse, Drogendealer oder prominente Sternchen aus Funk und Fernsehen, Karl K. verteidigte sie alle und hatte damit auch selbst einen entsprechend hohen Bekanntheitsgrad erlangt – ein Ruhm, den ihm der ein oder andere Neider unter den Kollegen womöglich nicht gönnte.

Vermutlich aus all diesen Gründen hielt sich auch das hartnäckige Gerücht um den sogenannten Karl-Bonus, demzufolge angeblich jeder Angeklagte, der sich von Karl K. verteidigen ließ, vom Gericht einen extra saftigen Aufschlag auf die Strafe aufgebrummt bekam. Und tatsächlich war es auffällig, dass Karls Mandanten besonders oft die volle Härte des Gesetzes spürten, wurden sie trotz seines erbitterten Einsatzes dennoch einmal schuldig gesprochen. Aber letztlich war dieses Gerücht nicht wirklich zu untermauern, denn Richter haben bei der Bemessung der Strafe einen erheblichen Spielraum. Das Gesetz gibt ihnen nur den Strafrahmen vor, der Rest bleibt ihnen überlassen. Und wenn ein nicht geständiger Angeklagter für schuldig befunden wird, wird ihm manchmal eben auch das Verhalten des Verteidigers zugerechnet – Richter sind eben auch nur Menschen. Wenn Karl also mal wieder die Zeugen in nahezu unerträglicher Art und Weise angegangen und das Gericht über Wochen mit langwierigen Reden und Beweisanträgen gequält hatte, dann konnte man sich gut vorstellen, dass manch ein Richter Karls Mandanten am Ende vielleicht noch ein bisschen härter bestrafte und das nur, weil er am liebsten den »Konfliktverteidiger« Karl K. gleich mit in den Knast gesteckt hätte.

Jedenfalls drängte sich dieser Verdacht bei einem von Karls Fällen nun besonders auf. Es ging dabei um einen Drogendealer, der laut Anklage in 26 Fällen mit gut 130 Kilo Rauschgift gehandelt haben sollte – eine extrem große Menge, die bei einer Verurteilung auch eine entsprechend hohe Strafe nach sich gezogen hätte. Bei derartig komplexen Verfahren ist es nicht zuletzt angesichts des großen Umfangs einer etwaigen Beweisaufnahme durchaus üblich, dass Anwalt, Staatsanwalt und Richter ein sogenanntes Rechtsgespräch über die Straferwartung im Falle eines Geständnisses und gegebenenfalls auch der Offenbarung weiterer Mittäter, Komplizen oder Abnehmer führen – für das Gericht aus Gründen der Zeitersparnis, für den Verteidiger, um dem Mandanten auf diese Weise eventuell einen großzügigen Strafbonus zu sichern.

Nach Karls Einschätzung war aber die Beweislage hier eher dürftig, weshalb er durchaus bereit war, auf ein solches Gespräch zu verzichten und sich stattdessen auf seine extrem langwierige und hochaggressive Freispruchverteidigung zu verlassen. Andererseits war anzu-

nehmen, dass sein Mandant trotz allem nicht völlig unge-
schoren davonkommen würde. Ein gewisses Restrisiko
bestand jedenfalls. Deshalb bat der Mandant Karl schließlich doch, bei den beiden zuständigen Berufsrichtern aus-
zuloten, mit welcher Strafe er im Falle eines vollumfäng-
lichen Geständnisses zu rechnen habe. Die Antwort: etwa
knapp unter 5 Jahre Gefängnis, teilte ihm Karl später mit.
Der Mandant lehnte ab.

Eine richtige Entscheidung – zumindest in Karls
Augen. Denn so durfte er einmal mehr alle Register seiner konfrontativen Freispruchverteidigung ziehen. Und
wie immer nutzte er jede prozessuale Möglichkeit, um es
den Richtern so richtig schwer zu machen. Ein Beweis-
antrag nach dem anderen, ein Befangenheitsantrag
nach dem anderen, eine Verhandlungspause nach der
anderen (um sich mit seinem Mandanten »ausführlich«
zu besprechen), langatmige und pathetische Erklärungen nach jeder einzelnen Beweiserhebung – kurzum:
Die Richter waren bereits nach den ersten Minuten sichtlich genervt von Karls überaus »engagierter« Strafvertei-
digung. Dem Mandanten dagegen gefiel's.

Am Ende schien sich Karls äußerst harter Verteidi-
gungsstil sogar auszuzahlen. Denn auch wenn er die beiden Richter, die beiden Schöffen, die Staatsanwältin, ja
sogar die Gerichtsschreiberin bis aufs Blut gereizt hatte,
von den angeklagten 26 Tatvorwürfen des Drogenhan-
dels mit insgesamt 130 Kilo Rauschgift waren am Schluss
gerade noch 7 Taten mit insgesamt »nur« 26 Kilo
gerichtsfest nachweisbar. Und wenn es beim Geständnis für 130 Kilo »irgendetwas mit knapp unter 5 Jahren«
gegeben hätte, dann sollte es doch für 26 Kilo deutlich

weniger geben, oder? So dachten zumindest Karl und sein Mandant, dem er bereits eine baldige Haftentlassung schmackhaft gemacht hatte. Ein echter Erfolg – so könnte man meinen.

Doch Karl K. und sein Mandant erlebten bei der Urteilsverkündung eine böse Überraschung: achteinhalb Jahre Gefängnis – trotz Freispruchs in 19 von 26 Fällen. Eine ziemlich saftige Strafe.

Jetzt werden Sie sich womöglich denken: Richtig so, wer mit Drogen dealt, gehört schließlich hinter Schloss und Riegel und der Schlüssel für immer weggeworfen. Vielleicht fragen Sie sich aber auch, wie es eigentlich möglich ist, dass Karls Mandant im Falle eines Geständnisses für *26 Taten/130 Kilo* Drogen eine Strafe von *knapp unter 5 Jahren* Gefängnis bekommen hätte, für gerade einmal *7 Taten/26 nachgewiesene Kilo* Drogen aber *8,5 Jahre* Haft bekam. Demnach hätte er bei einem Geständnis für das Fünffache an Drogen nur etwa die Hälfte an Strafe erhalten. Kann das gerecht sein?

Wenn das mal kein »Karl-Bonus« war, dachte sich vermutlich auch Karl und focht das Urteil beim Bundesgerichtshof an. Wie meistens fühlte er sich siegessicher. Schließlich hatte der Bundesgerichtshof schon Jahre zuvor entschieden, dass es gegen den Grundsatz eines fairen Verfahrens verstößt, wenn die Differenz zwischen dem in Aussicht gestellten und dem verhängten Strafmaß zu weit auseinanderklafft – der Jurist spricht dabei von der sogenannten Sanktionsschere. Denn wenn der Unterschied zwischen der Strafe bei Geständnis und der Strafe ohne Geständnis unverhältnismäßig hoch ist, übt das einen unzulässigen Druck auf den Angeklagten aus, und viele würden dann wohl von Anfang an auf eine ordentliche Verteidigung verzichten oder sich angesichts einer extrem hohen Straferwartung sogar genötigt sehen, ein falsches Geständnis abzulegen. Daher gilt als Faustregel bei der Strafzumessung, dass ein Geständnis eine Strafmilderung von nicht viel mehr als einem Drittel der Strafe zur Folge haben soll. Umgekehrt heißt das aber auch, dass Verurteilungen, welche die für den Fall eines Geständnisses in Aussicht gestellte Strafe um mehr als 30 Prozent übersteigen, unzulässig sein können.

In seiner Revision gegen die Verurteilung seines Mandanten machte Karl K. beim Bundesgerichtshof eben das geltend. Schließlich überstieg das Urteil mit seinen 8,5 Jahren die angebotene Strafe von knapp unter 5 Jahren um satte 42 Prozent – ganz abgesehen davon, dass der Angeklagte in den meisten Fällen ja auch noch freigesprochen worden war. Eine klare Sanktionsschere und damit höchste Erfolgsaussichten für Karl und den Drogendealer auf eine Aufhebung des unverhältnismäßig hohen Urteils durch den Bundesgerichtshof.

Aber Karl schien auch dort keine Freunde zu haben. Die hohen Richter bestätigten das Urteil ihrer Kollegen. Dabei echauffierte sich der Senat in seinem Beschluss sogar noch wortreich über Karls »konfrontativen« Verhandlungsstil, obwohl es eigentlich nichts zur Sache tat. Sehr deutlich führten die Bundesrichter aus, dass Karl das Verfahren in unverantwortlicher Art und Weise verschleppt habe, was mit der Aufgabe einer ordnungsgemäßen Verteidigung nicht mehr zu erklären sei – eine Feststellung, die Balsam für die geschundenen Seelen vieler von Karl geplagter Richter und Staatsanwälte sein musste, die ja schon immer wussten, dass Karl vor Gericht nur um des Krawalls willen Krawall machte.

Doch damit nicht genug. Die beiden Richter des Ausgangsgerichts hatten nämlich das von Karl vorgebrachte Verständigungsgespräch keineswegs bestätigt. Vielmehr bestritten sie, dass es überhaupt jemals eine Absprache zwischen ihnen und Karl gegeben hatte. »Zu keiner Zeit« hätten sie »ein bestimmtes Strafmaß oder eine Strafobergrenze in Aussicht gestellt«, ließen sie den BGH in einer schriftlichen Stellungnahme wissen. Der Bundesgerichtshof glaubte ihnen. Damit war die Verurteilung zu 8,5 Jahren für gerade einmal ein Fünftel des ursprünglichen Tatvorwurfs rechtskräftig. Karls Mandant konnte sich – entgegen aller Erwartungen, die Revision in jedem Fall zu gewinnen – auf eine lange Zeit hinter schwedischen Gardinen gefasst machen. Auch er war nun nicht mehr gut auf Karl zu sprechen.

Doch das sollte Karls geringstes Problem werden. Denn der Bundesgerichtshof führte in seinem Beschluss ergänzend aus, dass man mit Befremden zur Kenntnis genommen habe, von Karl K. mit einem unwahren Vorbringen konfrontiert worden zu sein. Diese Feststellung führte zu noch mehr Genugtuung bei der Justiz, bot sie doch einen guten Grund, endlich auch mal Karl »ordentlich eins auszuwischen«. Schließlich stand er nun im Verdacht, sich die behauptete Absprache mit den beiden Richtern nur ausgedacht zu haben, um seinen Mandanten doch noch irgendwie »rauszuhauen«. Und so etwas ist eine klare Straftat. Hätte Karls »falscher« Vortrag nämlich dazu geführt, dass der Bundesgerichtshof das Urteil aufgehoben hätte, wäre die rechtskräftige Verurteilung des Angeklagten auf geraume Zeit hinausgezögert worden, und Karl hätte damit den staatlichen Strafanspruch gegen seinen Mandanten durch sein rücksichtsloses Vorgehen absichtlich gefährdet. Eine glatte Strafvereitelung, die mit bis zu 5 Jahren Haft bestraft werden kann. Denn wenn es darum geht, jemanden seiner gerechten Strafe zuzuführen, duldet der Rechtsstaat keine Verhinderung oder gesetzwidrige Verzögerung der Strafverfolgung oder Strafvollstreckung. Schließlich kann das Strafrecht nur dann seine Wirkung entfalten, wenn eine verhängte Strafe auch wirksam durchgesetzt wird.

Grundsätzlich alles richtig, sofern Karl K. den Bundesgerichtshof tatsächlich belogen hat. Doch woher weiß man, dass ausgerechnet Karl die Unwahrheit gesagt hat und nicht etwa die beiden Richter? Der Bundesgerichtshof jedenfalls hatte keine Zweifel daran, dass es Karl war, dem hier nicht zu glauben war. Auch die Staatsanwaltschaft zögerte keine Sekunde und erhob zügig Anklage gegen ihn. Schließlich bezeugten zwei Personen – noch dazu zwei ehrenwerte Richter – das genaue Gegenteil von dem, was nur eine Person sagte, die dann auch noch Karl K. hieß, ein aus Sicht der Justiz ohnehin nur zwielichtiges Mietmaul. So stand es also noch nicht mal Aussage gegen Aussage, sondern zwei gegen eins, schlimmer noch, *zwei übereinstimmende* Aussagen gegen die bestreitende Aussage eines Einzelnen. Und getreu dem volkstümlichen Sprichwort »Nur zweier Zeugen Mund tut Wahrheit kund« gilt doch grundsätzlich eine Aussage als richtig, die von zwei Personen übereinstimmend bestätigt wird, oder?

Angesichts der vermeintlichen »Bedeutung der Sache« und Karls »hohem Bekanntheitsgrad« wählte man dann auch direkt das eigentlich nur für schwere Verbrechen zuständige Landgericht als Ort seiner ersehnten Demontage.

In der zügig gegen den unbequemen Strafverteidiger anberaumten Gerichtsverhandlung beharrte Karl allerdings weiterhin darauf, dass die beiden Richter ihm für den Fall eines Geständnisses seines Mandanten eine Strafe von knapp unter 5 Jahren fest zugesagt hätten.

Viel mehr, als auf seiner Behauptung zu beharren, konnte Karl aber nicht tun. Notizen hatte er sich damals jedenfalls keine gemacht.

Dagegen ließen die zwei Richter keinen Zweifel daran, dass es die von Karl behauptete Absprache mit ihnen nie gegeben habe. Beide führten in fast identischem Wortlaut aus, dass sie sich lediglich daran erinnern könnten, dass Karl K. zwar von ihnen eine Zusage für den Fall eines Geständnisses habe erhalten wollen und wilde Spekulationen angestellt habe, wie die Strafvollstreckung verlaufen könnte, sofern sein Mandant zu einer Freiheitsstrafe von unter 5 Jahren verurteilt werden würde, beide hätten sie dies aber nicht weiter kommentiert und auch keine Zusage gegeben. Das Gespräch sei vielmehr ergebnislos verlaufen. Eigentlich sei es gar nicht zu einem wirklichen Dialog gekommen, Karl habe einfach nur die ganze Zeit geredet.

Auch die seinerzeit zuständige Staatsanwältin konnte sich nicht an die von Karl behauptete Absprache erinnern. Außerdem hätte sie – wie sie es im Übrigen stets handhabe – einen eigenen Vermerk in ihrer Handakte gemacht, wenn es seitens der Richter ein entsprechendes Angebot an Karl gegeben hätte.

Damit schien die Sache für Karl gelaufen zu sein. Denn was konnte er bei dieser Beweislage noch machen? Zwei Richter und eine Staatsanwältin behaupteten das genaue Gegenteil von dem, was ein zumindest in den Augen der Justiz unseriöser Anwalt erzählte. Zudem fand das Strafverfahren gegen ihn vor demselben Gericht statt, an welchem die ihn belastenden Zeugen ständig tätig waren. Wie würden die zuständigen Richter also wohl über die Glaubwürdigkeit ihrer Kollegen urteilen?

Richter sollen unabhängig sein, und in den meisten Fällen sind sie das auch. Sie haben gar kein Motiv, jemandem absichtlich zu schaden. Sie kennen denjenigen, über den sie urteilen sollen, üblicherweise nicht, und sollte es doch einmal vorkommen, ist es ihnen von Gesetzes wegen untersagt zu richten. Bei Karl K. lag die Sache allerdings anders. Alle Richter kannten ihn, und keiner mochte ihn. Was also, wenn das Ganze eine perfide Verschwörung der Justiz gegen einen unliebsamen Strafverteidiger war? Was, wenn die Richter und die Staatsanwältin sich abgesprochen hatten, um es Karl für all seine prozessualen Gemeinheiten, sein impertinentes Auftreten und die vielen kräftezehrenden Diskussion heimzuzahlen und ihn ein für alle Mal fertigzumachen?

Diese Theorie wurde von Karl mit Inbrunst vertreten, doch sie hatte eine ganz wesentliche logische Schwäche. Denn angefangen hatte das Schlamassel ja mit dem Fall des Drogendealers, und da konnte es den beiden Richtern doch wirklich völlig gleich gewesen sein, ob der nun für 8,5 Jahre ins Gefängnis musste oder aber nur für unter 5 Jahre. Davon abgesehen wäre der »Plan«, einen unbeteiligten Angeklagten sinnlos hart zu verurteilen, in der Hoffnung, dann später seinem Anwalt aufgrund dessen Verteidigungsvorbringens in der nächsthöheren Instanz etwas anhängen zu können, doch ziemlich weit hergeholt. Und selbst wenn einer der Richter persönliche Rachegelüste gegen Karl gehegt hätte – dass gleich zwei Richter und letztlich auch noch die Staatsanwältin sich zu dritt zusammentun und für ein solches Komplott ihre eigene Karriere aufs Spiel setzen, ist doch höchst unwahrscheinlich, oder?

Einzig das Argument, dass es bei den nun über Karl zu urteilenden Richtern ein gewisses Maß an Befangenheit geben könnte, war nicht ganz von der Hand zu weisen – schließlich war Karls Ruf in Justizkreisen wirklich miserabel. Doch mit diesem Argument hätte man letztlich – überspitzt formuliert – sämtliche Richter aus der ganzen Bundesrepublik ablehnen müssen. Immerhin hatten die nun für Karls Fall zuständigen Richter im Vorfeld tatsächlich noch nie persönlich mit ihm zu tun gehabt. Man unterstellte ihnen damit völlige Unparteilichkeit.

Aber Parteilichkeit hin oder her: Bei der vorliegenden Ausgangssituation, bei der drei Zeugen das Gegenteil von dem aussagen, was ein einzelner Vierter behauptet, erscheint die Sachlage doch klar, oder etwa nicht? Schließlich stehen dann mehrere Aussagen gegen eine Aussage, sodass man sich – soweit die Aussagen übereinstimmen – doch eigentlich bei der Entscheidung, wem man glaubt, ganz leicht tun sollte: »Zweier Zeugen Mund tut Wahrheit kund.«

In dieser Pauschalität wäre das aber zu kurz gegriffen. Denn bei Zeugen, die miteinander in Verbindung stehen, beispielsweise durch Verwandtschaft, Freundschaft, Beruf oder eine situative Begebenheit, könnten ja durchaus Absprachen oder gar Einflussnahmen der Zeugen untereinander zum Nachteil des einzelnen Gegenzeugen erfolgen. Schließlich vereint sie ein gemeinsames Interesse am Ausgang des Verfahrens, sei es, weil sie alle selbst betroffen sind, sei es, weil sie dieselben Konsequenzen fürchten oder Ähnliches. Sie stehen allesamt in demselben Lager. Der Jurist spricht von sogenannten Lagerzeugen. Würde man dann bei der gerichtlichen Beweiswürdigung allein darauf abstellen, wer die meisten Zeugen in seinem Lager hat, würde der, der alleine oder zumindest mit weniger Zeugen dasteht, immer im Nachteil sein, selbst wenn er objektiv die Wahrheit sagt. So könnten sich letztlich selbst brutalste Verbrecher regelmäßig Straffreiheit verschaffen, indem sie nur genügend gut instruierte »Zeugen« beziehungsweise Mittäter aufbieten. Das Motto »Wer die meisten Zeugen auf seiner Seite hat, gewinnt« sollte also womöglich nicht beweisrechtlich entscheidend sein, zumindest dann nicht, wenn die Zeugen allesamt aus demselben Lager kommen.

In der neueren höchstrichterlichen Rechtsprechung hat sich daher eine differenzierte rechtliche Bewertung bei solchen Zeugen entwickelt, die miteinander in Verbindung stehen. Ausgangspunkt war dabei der Fall eines Mannes, der vier Polizeibeamte beleidigt und körperlichen Widerstand gegen sie geleistet haben sollte. Er wurde allein aufgrund der Aussagen der Polizisten verurteilt, die ihn übereinstimmend belasteten, wohingegen der Mann die Vorwürfe vehement bestritt. Vier Aussagen also gegen die eine bestreitende Aussage des Angeklagten. Dieses Urteil wurde jedoch vom zuständigen Revisionsgericht aufgehoben. Es war eben nicht auszuschließen, dass sich die Polizeibeamten im Nachhinein abgesprochen hatten, um sich nicht selbst strafbar zu machen. Schließlich hatten sie den Angeklagten ziemlich übel zugerichtet und dann behauptet, in Notwehr gehandelt zu haben. Jeder der Polizisten hatte also grundsätzlich ein Motiv, die gemeinsam getroffenen »Maßnahmen« gegen den behaupteten Angriff des Angeklagten zu rechtfertigen – einen Angriff, den es aber womöglich gar nicht gegeben hatte. Schließlich war kein neutraler Zeuge zugegen gewesen außer den Polizeibeamten auf der einen und dem Angeklagten auf der anderen Seite.

Wenn aber alle Zeugen ein gesteigertes Interesse am Ausgang des Verfahrens haben, dann muss geprüft werden, ob es sich bei ihren Aussagen wirklich um eigenständige Wahrnehmungen handelt oder sie sich womöglich abgesprochen oder wechselseitig beeinflusst haben. Auch Suggestion ist in solchen Fällen zu beobachten: Wenn man sich eine Geschichte in einer Gruppe nur oft genug erzählt, kann sich diese verselbstständigen und immer mehr von der eigentlichen Wahrheit entfernen (vgl. hierzu Kapitel 6 »Kindermund tut Wahrheit kund«). Kurz gesagt: In bestimmten Fällen sind die übereinstimmenden Angaben von Lagerzeugen nicht anders zu bewerten als die klassische »Eins-gegen-eins-Situation«, wenn nur eine Aussage gegen eine andere Aussage steht. Es muss also – je nach Art und Intensität der Verbindung der Zeugen zueinander – fallspezifisch geprüft werden, ob es womöglich zu wechselseitiger Beeinflussung, Gruppendynamik oder gar Komplottbildung unter den Lagerzeugen gekommen ist.

So gesehen standen auch die beiden Richter in Karls Fall in einem Lager, ebenso wie die Staatsanwältin. Sie alle hatten ein gewisses Interesse am Ausgang des Strafverfahrens gegen Karl. Die Richter konnten nach ihrer Stellungnahme beim Bundesgerichtshof kaum gewollt haben, nun als Lügner bezeichnet zu werden. Und ganz bestimmt wollten weder sie noch die Staatsanwältin sich dem Vorwurf einer geheimen, nicht protokollierten Verfahrensabsprache und dann auch noch des Bruchs derselbigen aussetzen. Denn ein solches Verhalten kann auch für Richter und Staatsanwälte durchaus unangenehme Konsequenzen haben, ganz ungeachtet der dabei implizierten Falschbelastung von Karl K.

Abgesehen von der Möglichkeit eines böswilligen Komplotts gegen Karl war aber auch nicht auszuschließen, dass sich die Justizangehörigen im Rahmen ihrer steten und engen Zusammenarbeit in ihren Aussagen und ihren Erinnerungen gegenseitig beeinflusst hatten – vielleicht auch nur unbewusst. Jedenfalls konnte angesichts der Verbindung der beiden Richter zueinander nicht ohne Weiteres von zwei Aussagen mit jeweils eigenständigem Beweiswert gesprochen werden. Vielmehr führte die Tatsache, dass beide Zeugen im selben Lager standen, zu der »Verschmelzung« ihrer Aussagen und damit zurück zur klassischen »Eins-gegen-eins-Situation«. Ähnliches galt für die Angaben der Staatsanwältin. Auch sie war ob ihrer Stellung als Angehörige der Justiz dem Lager der Richter zuzurechnen. Und darüber hinaus war sie bei dem eigentlichen Gespräch ohnehin nicht dabei gewesen.

Im Ergebnis stand es also trotz der insgesamt vier Aussagen – juristisch gesehen – weiterhin nur Aussage gegen Aussage: die Aussage der Zeugen aus dem Lager der Justiz gegen die Aussage des (einsamen) Lagers von Karl K.

Das für Karl zuständige Gericht hatte nun also zu entscheiden, welche Aussage es für glaubhafter hielt: die der Richter oder die von Karl.

Jetzt wollte es ein für Karl glücklicher Zufall, dass eine Anwaltskollegin und ähnlich »beliebte« Strafverteidigerin wie er selbst sich daran erinnerte, seinerzeit mit ihm über den Fall des Drogendealers gesprochen zu haben. Vor Gericht sagte sie aus, dass Karl sich noch am selben Tag an sie gewandt habe, an dem er mit den beiden Richtern den »Deal« ausgehandelt haben wollte. Er habe sich von ihr, einer in Betäubungsmittel-Sachen sehr erfahrenen und versierten Kollegin, einen Tipp erhofft. Daran könne sie sich noch gut erinnern, da Karl zunächst vorgegeben habe, »nur mal eben eine Frage« stellen zu wollen, sie aber im Ergebnis in eine stundenlange Besprechung des gesamten Falles gedrängt habe. Immer wieder habe er sie dabei gefragt, ob er den Deal von unter 5 Jahren für ein vollumfängliches Geständnis annehmen solle, da er davon ausgehe, einen wesentlichen Teil des Tatvorwurfs entkräften zu können.

Auch aus Karls Lager gab es damit also eine Zeugin, welche sich an seine Version der Geschehnisse erinnerte, wenngleich sie bei dem eigentlichen Gespräch nicht dabei gewesen war – vergleichbar mit der Staatsanwältin aus dem Lager der Justiz. Das war das erste Indiz dafür, dass Karl vielleicht doch nicht gelogen hatte. Warum sollte er schließlich jemand Prozessfremden, der also gar keinen Einfluss auf die Verhandlung hatte, von einem Deal erzählen, den es gar nicht gab?

Die Antwort könnte lauten: Weil es sich schlicht um die Wahrheit handelte und Karl tatsächlich rechtlichen Rat wollte, um zu entscheiden, ob er den angebotenen Deal der Richter annehmen sollte.

Die Antwort könnte aber auch lauten: Karl wollte sich unter dem Vorwand, Rat zu benötigen, einen zusätzlichen Zeugen für seine unwahre Behauptung verschaffen, um seinen hochkriminellen Mandanten in nicht weniger krimineller Art und Weise doch noch »rauszuhauen«.

Doch ganz unabhängig davon, wie man die Aussage von Karls Kollegin bewerten möchte, ist es bereits problematisch, dass sie (und im Ergebnis auch die Staatsanwältin) letztlich nur darüber berichten konnte, was ihr jeweils von Karl (beziehungsweise von den Richtern) über das beweisbedürftige Geschehen – nämlich das vermeintliche »Deal-Gespräch« – mitgeteilt worden war. Anders als bei einem Zeugen, der unmittelbare Wahrnehmungen zu einer Tat oder einem Ereignis gemacht hat und damit aus eigenem Wissen berichtet, konnten die beiden ja allenfalls aussagen, was sie gehört beziehungsweise nicht gehört hatten. Der Jurist spricht in solchen Fällen von sogenannten Zeugen vom Hörensagen.

Zeugen vom Hörensagen spielen vor allem dann eine wichtige Rolle, wenn der unmittelbare Zeuge nicht zur Verfügung steht, zum Beispiel weil er verstorben oder unbekannten Aufenthaltsortes ist und deshalb nicht berichten kann, was passiert ist. Mittels der Vernehmung des Zeugen vom Hörensagen versucht man dann, das aufzuklären, was sonst nur durch die Aussage des originären Zeugen zugänglich wäre. Natürlich kann man den Zeugen vom Hörensagen aber auch als Beweis heranziehen, um die Aussage des (Opfer-)Zeugen oder Angeklagten zusätzlich zu untermauern. Denn vor allem in Aussage-gegen-Aussage-Konstellationen, bei denen man vor dem Problem steht, ohne weitere Indizien oder Beweise beurteilen zu müssen, welche der sich widersprechenden Aussagen die »Wahrheit« ist, lassen sich mithilfe des Zeugen vom Hörensagen womöglich Rückschlüsse auf den Wahrheitsgehalt einer Aussage ziehen, zum Beispiel indem man überprüft, inwieweit die Aussage des Zeugen vom Hörensagen mit der Aussage des unmittelbaren Zeugen übereinstimmt.

Doch konnte die Anwaltskollegin wirklich als Beweis für die Glaubhaftigkeit von Karls Version der Ereignisse gelten? Das würde ja letztlich bedeuten, dass Opfer oder Täter sich im Nachgang der Tat beliebig viele Zeugen allein dadurch generieren könnten, dass sie irgendwelchen Dritten ihre Version der Geschichte erzählen – in der kalkulierten Absicht, dass die entsprechenden Personen dann später vor Gericht für sie aussagen. Was wäre ein solcher Beweis dann überhaupt wert?

Wenig. Denn eine Aussage, die (im besten Falle) die bloße Wiedergabe dessen ist, was ein Zeuge behauptet, und keinerlei eigene unmittelbare Wahrnehmung beinhaltet, ist weder substanziell noch inhaltlich als ein zusätzlicher Zeugenbeweis im eigentlichen Sinne zu sehen. Sie sagt nichts darüber aus, ob das behauptete Geschehen wirklich so stattgefunden hat oder nicht. Der Zeuge vom Hörensagen wiederholt damit bestenfalls möglichst exakt das, was der eigentliche Zeuge ihm zu einem bestimmten Zeitpunkt berichtet hat.

Er liefert damit schon denknotwendig keine *neuen* Indizien für die Beweiswürdigung der *unmittelbaren* Tat.

Deshalb ist sich die deutsche Rechtsprechung einig, dass ein Zeuge vom Hörensagen nichts an der Aussage-gegen-Aussage-Konstellation ändert.

Anderenfalls könnte man bei Taten mit nur einem unmittelbaren Tatzeugen die Beweissituation stets dadurch zu seinen Gunsten wenden, indem man möglichst vielen unbeteiligten Personen seine Version der Geschichte erzählt, die diese dann vor Gericht so bestätigen, getreu dem Motto: Wer die meisten Zeugen hat, hat recht.

In den USA und England gilt deshalb sogar ein grundsätzliches Verbot der Verwertung von Zeugen vom Hörensagen – wenngleich mit einigen Ausnahmen.

Der Beweiswert von Karls Zeugin und der Staatsanwältin war also im Ergebnis noch eingeschränkter als der von Karl und den beiden Richtern; bei ihnen handelte es sich immerhin um »echte« Zeugen mit eigenen Wahrnehmungen des Geschehens.

Wieder blieb es also bei Aussage gegen Aussage und der daran unmittelbar anknüpfenden Frage: Wem glaubt man? Dem Lager der als unparteilich geltenden und per Verfassung an Recht und Gesetz gebundenen Richter oder dem Lager des in den Augen vieler ziemlich zwielichtig erscheinenden Anwalts?

Wie würden Sie in einem solchen Fall vorgehen, wenn Sie nun darüber zu entscheiden hätten, welche der beiden Aussagen die Wahrheit ist?

Sie könnten aus dem Bauch heraus entscheiden – schließlich ist die erste Intuition oftmals gar nicht so verkehrt.

Sie könnten aber auch einfach eine Münze werfen. Dann läge die Wahrscheinlichkeit immerhin bei 50 Prozent, die richtige Entscheidung zu treffen, unbeeinflusst von Emotionen, Eindrücken oder Vorurteilen.

Sie könnten sich natürlich auch die Mühe machen, die unterschiedlichen Aussagen inhaltlich auf etwaige Widersprüche, Ungenauigkeiten, Unklarheiten oder logische Fehler zu untersuchen, und daraus Rückschlüsse auf den Wahrheitsgehalt ziehen.

Möglich wäre auch – ähnlich dem Lügendetektortest –, nach körperlichen Signalen bei den Zeugen zu suchen, die auf eine Lüge hindeuten: Vermeiden von Blickkontakt, Nervosität, Erröten, verzögertes Sprechverhalten, starke Emotionen, Mimik und Gestik etc.

Oder Sie orientieren sich an allgemeinen Erfahrungssätzen, wie es die Aussagenden ganz allgemein so mit der Wahrheit halten. Was etwa sagt die Persönlichkeit der Zeugen aus? Oder ihre bisherige Lebensführung? Neigen sie generell eher zur Wahrheit, oder hat man sie schon einmal der Lüge überführt? Schließlich gilt doch die Regel »Wer einmal lügt, dem glaubt man nicht«, oder?

Vielleicht lassen sich aber auch aus Ihrer persönlichen Lebenserfahrung oder Ihrer Menschenkenntnis Rückschlüsse ziehen, wer von den Aussagenden glaubwürdiger ist? Sagt man zum Beispiel Richtern nicht ohnehin nach, besonders vertrauenswürdig zu sein?

Diejenigen, die den Fall aus dem Bauch heraus entscheiden würden, lägen mit ihrem Ergebnis womöglich sogar richtig. Allerdings wäre eine solche Methodik der Beweiswürdigung in einem Rechtsstaat schwierig zu praktizieren, schließlich bedarf es etwas Überprüfbarem, etwas Nachvollziehbarem, will man jemanden als Konsequenz seiner Urteilsfindung im schlimmsten Fall sogar ins Gefängnis sperren. Ein Bauchgefühl kann also kaum als Grundlage einer Verurteilung dienen. Dasselbe gilt für den Münzwurf.

Wer hingegen ganz objektiv und systematisch an die Sache herangehen und den Inhalt der Aussagen auf ihre Detailliertheit, Konstanz oder Widerspruchsfreiheit genau analysieren wollte, hätte sicherlich gute Chancen, damit objektivierbare und nachvollziehbare Kriterien für eine rechtsstaatliche Verurteilung in die Hand zu bekommen. Problematisch ist im vorliegenden Fall allerdings, dass die beiden infrage stehenden Aussagen schlicht zu kurz sind, als dass sie genug »Material« dafür liefern würden, sie eingehend zu untersuchen: Karl K. behauptet, dass es ein Gespräch mit den beiden Richtern gegeben habe, in welchem sie ihm für den Fall eines Geständnisses seines Mandanten eine Strafe von knapp unter 5 Jahren in Aussicht gestellt hätten. Die Richter geben hingegen an, dass Karl K. bei ihnen lediglich herumspekuliert habe, wie denn die weitere Strafvollstreckung seines Mandanten im Falle eines Geständnisses mit einer Strafe von unter 5 Jahren ablaufen könnte, sie ihm dies aber gerade nicht zugesagt hätten. Der inhaltliche Ablauf des Gesprächs wird von beiden Seiten also fast gleichlautend geschildert. Nur bei der Frage, ob es denn tatsächlich auch eine richterliche Zusage gab, scheiden sich die Geister. Eine profunde Analyse dieser beiden Aussagen bringt keinen Erkenntnisgewinn, denn in den zwei lapidaren Sätzen finden sich keine kritischen Merkmale, aus denen man irgendwelche Schlüsse auf ihren Wahrheitsgehalt ziehen könnte. Anders sähe es aus, wenn die Aussagen detailliert und elaboriert wären und sich vor allem im Kern irgendwie voneinander unterscheiden würden.

Und da die Aussagen – zumindest anfangs – ausschließlich schriftlich (beim Bundesgerichtshof) erfolgten, konnte man währenddessen auch keinerlei körperliche Signale entdecken, die den Lügner enttarnt hätten – ganz abgesehen davon, dass es fraglich ist, ob die Analyse irgendwelcher körperlicher Reaktionen in der Aussagesituation eine objektive, den Anforderungen an einen Rechtsstaat genügende Methode der Beweiswürdigung ist (vgl. hierzu auch Kapitel 5 »Lügen haben schöne Beine«). Bei derartig kurzen Aussagen vor Gericht ist es kaum möglich, sich überhaupt irgendeinen mehr oder weniger verlässlichen Eindruck von einem Zeugen und dessen normalem Verhalten zu bilden, um etwaige Verhaltensauffälligkeiten erkennen zu können. Zudem stellt sich die Frage, ob gerichtserfahrene Profis wie die beiden Richter nicht problemlos auch bei einer Falschaussage ein unverdächtiges Aussageverhalten an den Tag legen könnten.

Schließlich bliebe nur noch die Möglichkeit, anhand der generellen Charaktereigenschaften der betreffenden Personen entsprechende Rückschlüsse auf den Wahrheitsgehalt ihrer Aussage zu ziehen. Will heißen: Man stellt sich bei den aussagenden Personen schlicht die Frage, wie ehrlich sie im Allgemeinen sind und ob sie grundsätzlich dazu neigen, die Wahrheit oder die Unwahrheit zu sagen, getreu dem Motto des bekannten TV-Arztes Dr. House: »An Klischees ist immer etwas Wahres dran.«

Der Bundesgerichtshof spricht in Zusammenhang mit der Glaubwürdigkeit einer Person von ihrer »Wahrheitsliebe«, also ihrem ganz generellen Wollen, immer das, was sie wahrgenommen hat, richtig und vollständig wiederzugeben. Faktoren, anhand derer man die Wahrheitsliebe eines Menschen zum Beispiel beurteilen könnte, wären etwa Informationen über seinen Beruf, seine Reputation, seine fachliche Kompetenz und bestimmte persönliche Interessen. So wird man von einem Autoverkäufer schon aufgrund seiner beruflichen Rolle erwarten, dass er die Vorteile seiner zum Verkauf stehenden Autos betont und etwaige Nachteile herunterspielt. Einem Physiker wird man ohne Weiteres glauben, dass Einsteins Relativitätstheorie stimmt, auch ohne sie im Einzelnen zu verstehen.

Und einem Richter wird man sicherlich glauben, dass er – erst recht, wenn er einmal selbst als Zeuge vor Gericht auftritt – grundsätzlich die Wahrheit sagt, oder etwa nicht? Schließlich sind doch Richter – ähnlich wie Polizisten – schon ob ihrer Stellung im Rechtssystem, aber auch wegen ihres höheren Maßes an Objektivität besonders vertrauenswürdig. Der Passauer Amtsrichter Stefan Ehrhardt meinte einmal in einem Interview, der Polizeizeuge genieße das »Privileg unbedingter Glaubwürdigkeit«. Das müsste dann ja erst recht für einen Richter gelten, oder? Er ist schließlich schon von Amts wegen zur Unabhängigkeit gesetzlich verpflichtet. Deshalb hat er doch auch gar kein Motiv zu lügen, was hätte er schließlich davon?

Diese Frage musste man sich auch in Karls Fall stellen – was für einen Grund sollten die beiden Richter haben, einen Rechtsanwalt absichtlich falsch zu bezichtigen? Sie hatten keinen persönlichen Vorteil vom Ausgang des Verfahrens. Und irgendwelche Anhaltspunkte dafür, dass sie schon einmal durch Lügengeschichten oder sonstige Unwahrheiten aufgefallen wären, gab es auch nicht. Beide genossen einen tadellosen Leumund.

Ganz anders der »Konfliktverteidiger« Karl K. Der galt nicht nur am hiesigen Gericht als zwielichtiger Sprücheklopfer. Und zuletzt hatte dann auch noch ein brisantes Techtelmechtel zwischen ihm und (ausgerechnet!) einer Richterin für ordentlich Gesprächsstoff auf den Justizfluren gesorgt. Karls Ehefrau war ihm wohl beim obligatorischen Durchforsten seines Computers auf die Schliche gekommen, als sie explizite Bilder der beiden gefunden hatte. Mit anderen Worten: Karl K. schien auch privat nicht der Integerste zu sein, zumindest nicht in Bezug auf seine Ehefrau.

Und anders als die beiden Richter hätte er ja grundsätzlich ein Motiv gehabt, den Bundesgerichtshof mit einer falschen Aussage zu bedienen. Immerhin hätte das durchaus zu einer Aufhebung und Neuverhandlung des harten Urteils gegen seinen Mandanten führen können – womöglich dann auch mit einer im Ergebnis deutlich milderen Strafe. Anwälte müssen schließlich nicht von

Gesetzes wegen neutral sein. Ganz im Gegenteil. Sie sind zu allererst ihrem Mandanten und seinen Interessen verpflichtet. Und wer weiß, vielleicht hatte sich Karl K. für den Fall eines positiven Ausgangs des Revisionsverfahrens ja ein üppiges Erfolgshonorar von seinem Mandanten versprechen lassen?

Eigentlich ist der Anwalt dann doch ein bisschen wie der Autoverkäufer: Er will dem Richter ein Schrottauto als einen Neuwagen verkaufen oder, anders formuliert, einen Kriminellen als ein Unschuldslamm.

Hier könnte man jetzt allerdings einwenden, dass auch Anwälte sogenannte Organe der Rechtspflege sind, also ähnlich wie Richter ebenso an Recht und Gesetz gebunden. Aber ist Bier nicht doch dicker als Blut, sprich sind Ruhm, Ehre und letztlich auch Geld als Gegenleistung für eine »besonders gute Verteidigung« nicht doch verlockender als absolute Integrität?

Auf den Punkt gebracht: Karl K. hatte nicht nur ein Motiv, als »Autoverkäufer« (= Strafverteidiger) mit seinem »Gebrauchtwagen« (= Mandanten) einen besonders guten »Preis« (= Strafe) auszuhandeln, er hatte in der Vergangenheit auch schon nachweislich gelogen – zumindest gegenüber seiner Ehefrau. Die Richter hingegen hatten keinen Grund zu lügen, für sie gab es weder eine Erfolgsprämie für ein besonders hartes Urteil noch mehr Geld für ein besonders mildes. Und selbst wenn sie hoffen durften, durch eine Lüge womöglich einen unliebsamen Verteidiger loszuwerden, war doch klar, dass Karl K. weitere Störenfriede wie ihm auf dem Fuße folgen würden.

Wenn Sie nun also anhand der Ihnen gegebenen Informationen über Reputation, Beruf, Kompetenz und

Auftreten der beteiligten Personen beurteilen müssten, welche der beiden Parteien ganz generell die glaubwürdigere ist, um danach zu entscheiden, wer möglicherweise die Wahrheit sagt, auf wen würden Sie tippen?

Das Gericht jedenfalls sprach Karl K. frei.

Allerdings musste es sich erst gar nicht die Frage stellen, ob nun die beiden Richter oder Karl K. die Wahrheit sagten. Eine solche Entscheidung wäre wohl ohnehin mit an Sicherheit grenzender Wahrscheinlichkeit zugunsten der beiden Richter ausgefallen, zumindest dann, wenn sich das Gericht dabei allein an der Glaubwürdigkeit der beteiligten Personen orientiert hätte; oder hätten Sie eher dem zwielichtigen Autoverkäufer – Verzeihung – Anwalt geglaubt?

Das Gericht konnte gar nicht anders, als Karl K. freizusprechen. »Schuld« daran war die seinerzeit gegen Karls Mandanten ermittelnde Staatsanwältin, die ausgesagt hatte, dass sie stets einen Vermerk in ihrer Handakte mache, wenn es seitens der Richter ein Angebot der Strafmilderung im Falle eines Geständnisses gebe.

Diese Aussage war für Karls Anwälte Grund genug, einen Blick in die besagte Handakte der Staatsanwältin werfen zu wollen. Und dazu hatten sie gleich noch deutlich mehr Grund, als der Behördenleiter der Staatsanwaltschaft genau das verweigern wollte und die Handakte erst auf den richterlichen Hinweis herausrückte, andernfalls die Staatsanwaltschaft durchsuchen zu lassen. Man konnte also durchaus den Verdacht hegen, dass die Handakte womöglich noch eine kleine Überraschung bereithielt.

Und siehe da, rechts oben, mit Bleistift geschrieben und mit einem dicken Fragezeichen versehen, stand in der Handakte der Staatsanwaltschaft aus dem Verfahren gegen Karl K.s Mandanten: »4 Jahre 10 Monate?«

Der Erklärungsversuch der Staatsanwältin, es habe sich bei diesem Handakten-Vermerk um ein ganz anderes Verfahren gehandelt, welches ihr gerade zufällig während der Verhandlung von Karls Mandanten im Kopf umhergeschwirrt sei, war ähnlich jämmerlich wie Karls Versuch, seine Ehefrau davon zu überzeugen, seine Affäre sei lediglich eine »gute Bekannte«.

Warum sollte die Staatsanwältin schließlich ein mögliches Strafmaß in die Handakte eines ganz anderen Verfahrens schreiben? Eben.

Davon abgesehen wäre es schon ein ziemlich großer Zufall gewesen, dass das mit Bleistift notierte Strafmaß quasi identisch mit demjenigen war, das die Richter Karl angeblich für seinen Mandanten in Aussicht gestellt hatten, nämlich »knapp unter 5 Jahre«. Für das über Karl K. zu befindende Gericht bestanden jedenfalls Zweifel genug, ob es wirklich Karl K. war, der hier die Unwahrheit sagte.

Nun stellt sich dem Leser angesichts des überraschenden Ausgangs des Verfahrens womöglich die Frage, ob der bloße Rückschluss auf die Glaubwürdigkeit eines Menschen tatsächlich Grundlage für die Beurteilung des Wahrheitsgehaltes seiner Aussage sein kann. Mit andern Worten: Kann man einer Person aufgrund einer dauerhaften personalen Eigenschaft wie etwa eines lauteren Charakters, eines guten Rufs oder einer hohen sozialen Stellung –die sie *außerhalb* des Verfahrens genießt – auch einen ebenso lauteren Leumund bei ihrer Aussage *innerhalb* des Verfahrens bescheinigen?

Im Rahmen einer wissenschaftlichen Studie zu diesem Thema sollten Probanden ein Urteil über die Glaubwürdigkeit der Entschuldigung eines Mannes fällen, der nicht rechtzeitig zu einer Verabredung mit einer Frau erschienen war. Die vorgebrachten Gründe für seine Verspätung waren durchweg plausibel (zum Beispiel Stau nach einem schweren Unfall auf der Autobahn). Zur Beurteilung, ob der Mann nach Einschätzung der Probanden die Wahrheit sagte oder nicht, erhielten sie von einer »guten Freundin der Frau« noch folgende Information: Dem einen Teil der Probanden sagte sie, der Mann (ein gut aussehender Golflehrer, geschieden, zwei uneheliche Kinder) sei wenig vertrauenswürdig, dem anderen Teil, der Mann (ein Ingenieur mit Brille und Eigentumswohnung) sei sehr vertrauenswürdig. Das Ergebnis der Untersuchung war wenig überraschend: Wurde der Mann als vertrauenswürdig beschrieben, beurteilten die Probanden seine Entschuldigung als glaubwürdiger, als wenn er als wenig vertrauenswürdig beschrieben wurde.

Schon in vergangenen Zeiten nahm man an, dass Gastwirte, Kaffeehausbesitzer und Droschkenkutscher gewohnheitsmäßig zum Lügen neigten, und Prostituierte sogar noch mehr als Berufsverbrecher. Und auch heute noch ist dem Gesetz zum Strafprozessrecht zu entnehmen, dass früheres Verhalten vor allem dann Schlussfolgerungen zulassen soll, wenn die entsprechende Lebenssituation mit der jetzigen vergleichbar ist. Umgekehrt kennt die heutige forensische Strafrechtspraxis bestimmte »privilegierte Zeugen«, denen ein Vertrauensbonus zukommt, wie etwa Richter und Polizeibeamte, denn: Warum sollten diese Personen lügen?

Aber wer sagt denn, dass nicht auch Personen mit gutem Ruf beziehungsweise Angehörige von Berufsständen, von denen im Allgemeinen moralisch einwandfreies Verhalten und insbesondere das Nichtbegehen gravierender Straftaten erwartet wird, im Einzelfall einmal Veranlassung haben können, die Unwahrheit zu sagen? Und kann man umgekehrt bei Personen mit weniger gutem Leumund automatisch davon ausgehen, dass sie lügen? Karl K., der in Justizkreisen als zwielichtig geltende Anwalt, der zu allem Überfluss auch noch seine Frau betrogen hatte, schien ja angesichts des Eintrags in der Handakte der Staatsanwältin tatsächlich die Wahrheit zu sagen. Lässt sich also individuelles menschliches Verhalten wirklich in allgemeine Erfahrungssätze fassen? Oder stellt sich bei alledem nicht doch die Frage, ob der persönliche Eindruck tatsächlich ein geeignetes Mittel ist, die Glaubwürdigkeit eines Zeugen zu beurteilen?

Die Wissenschaft belegt jedenfalls das Gegenteil. Denn schon im Jahr 1951 fanden Forscher heraus, dass die Vertrauenswürdigkeit einer Quelle die Glaubwürdigkeitsbeurteilung zwar erheblich beeinflusst, trotzdem aber keine Rückschlüsse auf den Wahrheitsgehalt einer Aussage zulässt, getreu dem Motto: Wer einmal die Wahrheit sagt, dem glaubt man immer. Damals hielten 94 Prozent der Befragten die Äußerungen über die Fähigkeiten von Atom-U-Booten inhaltlich für plausibler, wenn sie von einem amerikanischen Atomphysiker stammten, als wenn dieselben Äußerungen in einer russischen Tageszeitung auftauchten.

Karl K. wäre wohl unschuldig verurteilt worden, hätte es den außerhalb seiner Aussage liegenden Hinweis auf den Wahrheitsgehalt seines Vorbringens nicht gegeben. Die beiden gegen ihn aussagenden Richter gehörten schließlich zum Kreis der privilegierten Zeugen, denen die Justiz grundsätzlich Glauben schenkt, solange man ihnen nicht das Gegenteil beweisen kann.

Darf die richterliche Überzeugung nur auf einer persönlichen Gewissheit des Richters basieren, oder sollte nicht Grundlage ein objektiv gut nachvollziehbarer Schluss sein, der es erlaubt, dass das festgestellte Geschehen mit hoher Wahrscheinlichkeit mit der Wirklichkeit übereinstimmt?

Kann allein der subjektive Eindruck beziehungsweise die rein intuitive Einschätzung rationaler, tatsachengestützter Beweisführung entsprechen?

Sie ahnen es womöglich, alles rhetorische Fragen, denn das deutsche Strafrecht geht leider dennoch weiterhin davon aus, dass der persönlichen Glaubwürdigkeit bei der Beweiswürdigung im Prozess Bedeutung zukommt – in der täglichen Gerichtspraxis sogar in erheblichem Maße.

Dabei geht die höchstrichterliche Rechtsprechung sogar so weit, dass nur dann, wenn es um objektive, technische Sachverhalte geht oder Anhaltspunkte für die Unrichtigkeit der einen oder anderen Aussage vorhanden sind, es ausnahmsweise einmal nicht mehr auf die Glaubwürdigkeit der Person ankommen soll. Ansonsten bleibt es bei der schillernden Definition des Bundesgerichtshofs, dass die »Wahrheitsliebe des Zeugen auch auf eine situationsspezifisch glaubwürdige Aussage schließen lässt«.

Im Klartext bedeutet das also, dass es dem Richter freisteht, zu entscheiden, welche Beweiskraft er seinem persönlichen Eindruck beimisst, ungeachtet der Tatsache, dass dieser nach heutigem Stand der Wissenschaft regelmäßig schlicht wertlos ist und vor dessen Überbewertung sogar explizit gewarnt wird.

Und selbst in Karl K.s Fall hatte das Vertrauen der Richter in dessen Aussage dann doch wieder seine Grenzen: Das Strafverfahren gegen den Drogendealer wurde trotz Karls Freispruch nicht wiederaufgenommen, obwohl Karls Freispruch doch regelrecht implizierte, dass er tatsächlich die Wahrheit gesagt hatte und damit sein Mandant mit einer unzulässigen Sanktionsschere unter Druck gesetzt worden war.

Karl K. machte aber dennoch keine Anstalten mehr, diese Angelegenheit weiterzuverfolgen. Er hatte seine Lektion mit der deutschen Justiz gelernt und wollte mit der ganzen Sache nie wieder etwas zu tun haben.

Sogar seiner Frau gegenüber soll er zwischenzeitlich Abbitte geleistet haben.

»Also, noch mal: Was ist mit deinem Papa passiert?«

»Ich hab doch gesagt, ich weiß es nicht! Er ist einfach nie mehr heimgekommen.«

»Du lügst doch schon wieder! Deine Mama hat uns erzählt, dass der Papa sehr wohl nach Hause gekommen ist.«

»Nein, ich schwör! Ich hab nichts bemerkt!«

»Das kann aber gar nicht sein! Deine Mama hat uns nämlich gesagt, dass er aus Versehen die Treppe heruntergefallen ist, als er heimkam. Und dass du dabei warst.«

»Hm…«

»Was ›hm‹?«

»Ja, okay… er ist dann wohl die Treppe runtergefallen.«

»Man fällt aber doch nicht einfach so die Treppe runter, oder?«

»Uh…«

»Er wurde also die Treppe runtergestoßen?«

»Hm…«

»Warum wurde er die Treppe runtergestoßen?«

»Weiß nicht…«

»Natürlich weißt du das! Man stößt doch niemanden einfach so die Treppe runter!«

»Hm…«

»Gab es Streit?«

»Ja, glaub schon.«

»Zwischen wem?«

»Mit der Mama.«

»Und wem noch?«

»Dem Matze?«

»Also haben die Mama und der Matze den Papa im Streit die Treppe runtergestoßen?«

»Ja, im Streit.«

»Aber nur von einem Treppensturz stirbt man doch normalerweise nicht, oder?«

»Weiß nicht.«

»Der Papa ist doch nicht von dem Treppensturz gestorben, oder?«

»Hm… Aber da war ganz viel Blut.«

»Ganz viel Blut, sagst du?«

»Ja. Ganz viel.«

»Nur von dem Treppensturz?«

»Uh…«

»Das glaub ich dir nicht. Du lügst doch schon wieder. Jetzt hast du doch gerade angefangen, die Wahrheit zu sagen.«

»Hm…«

»Ich glaube, dass noch viel mehr passiert ist als nur der Treppensturz. Und dass du das weißt.«

»Ich weiß es nicht.«

»Komm, du kannst doch ehrlich zu mir sein. Ich will

dir doch nur helfen. Aber ich kann dir nicht helfen, wenn du mir nicht vertraust. Verstehst du?«

»Ja.«

»Gut. Vertraust du mir?«

»Hm... Ja...«

»Das freut mich. Ich vertrau dir auch. Also jetzt mal ganz ehrlich: Da ist doch noch mehr passiert, oder?«

»Ja...«

»Haben deine Mama und der Matze den Papa vielleicht geschlagen? Kam das viele Blut daher?«

»Ja.«

»Mit was haben sie ihn denn geschlagen?«

»Mit einem Stück Holz?«

»Also haben der Matze und deine Mama mit einer Holzlatte auf deinen Papa eingeschlagen?«

»Ja.«

»Vorhin hast du gesagt, es war alles voller Blut. Wo war alles voller Blut?«

»Bei der Treppe, da war alles voll Blut.«

»Wir haben da aber gar kein Blut gefunden!«

»Hm?«

»Dann kann das Blut also gar nicht von den Schlägen mit der Holzlatte gekommen sein, oder?«

»Hm.«

»Dann habt ihr also noch mehr gemacht?«

»Uh...«

»Was habt ihr denn noch mit dem Papa gemacht?«

»Der Matze hat einen Hammer geholt und im Keller auf Papas Kopf gehauen.«

»Und was hast du gemacht?«

»Zugeguckt.«

»Du hast also nur zugeguckt?«

»Ja. Nur zugeguckt.«

»Und gemacht hast du nichts, zum Beispiel gefragt, was das soll?«

»Nein.«

»Fandest du das gut, was die da mit deinem Papa gemacht haben?«

»Weiß nicht.«

»War er mal böse zu dir? Dann würde ich verstehen, dass du es gut fandest.«

»Ja, der Papa war oft böse!«

»Und weil er immer so böse war, hast du dann zugeguckt?«

»Ja.«

»Aber vorhin, da hab ich dich gefragt, ob *ihr* noch mehr gemacht habt. Da hast du Ja gesagt. Wenn *ihr* zusammen etwas gemacht habt, dann hast du doch auch etwas gemacht und nicht nur zugeguckt. Stimmts?«

»Hm...«

»Hast du auch mit dem Hammer zugeschlagen?«

»Ja, ich hab auch mit dem Hammer zugeschlagen.«

»Na also! Siehst du, du musst nur ehrlich zu mir sein!«

»Okay.«

»Hat dein Papa da noch irgendwie gezuckt, als du mit dem Hammer auf ihn eingeschlagen hast?«

»Nein, ich glaub nicht.«

»Gut! Du machst das sehr gut! Und was habt ihr dann mit dem Papa gemacht, als er tot war?«

»Weiß ich nicht...«

»Denk doch mal nach. Das weißt du doch noch, was ihr mit der Leiche vom Papa gemacht habt. Also lüg mich nicht an! Sonst bin ich nicht mehr dein Freund. Und du brauchst jetzt wirklich ganz dringend einen Freund.«

»Ok, tut mir leid.«

»Du weißt doch genau, was ihr mit der Leiche gemacht habt. Du warst doch dabei.«

»Hm... Ja... Wir haben ihn zusammen mit seinem Auto verbrannt.«

»Dann hätten wir aber doch irgendwo ein ausgebranntes Auto finden müssen – haben wir aber nicht!«

»Hm...«

»Also was habt ihr dann mit dem Auto gemacht?«

»Weiß ich nicht mehr.«

»Jetzt lüg mich nicht schon wieder an! Es gibt nur zwei Möglichkeiten, ein Auto verschwinden zu lassen: entweder versenken oder beim Schrotthändler verschrotten lassen.«

»Mama hat es verschrotten lassen.«

»Wo?«

»Beim Schrotthändler. In der Stadt.«

»Und was ist mit der Leiche? Die kann man ja schlecht verschrotten lassen.«

»Hm...«

»Im Dorf erzählen die Leute, ihr habt den Papa zerteilt und an die Hunde verfüttert. Deshalb hat man ja deinen Papa auch nirgends gefunden, stimmts?«

»Ja...«

»Wie habt ihr die Leiche zerteilt?«

»Mit einem Messer.«

»Und was ist mit den Knochen? Das geht doch gar nicht nur mit einem Messer.«

»Ach so, stimmt. Ich glaub, mit einer Säge – und noch einer Axt.«

»Ok. Du machst das sehr gut! Was habt ihr mit dem Blut gemacht?«

»Weggeschüttet.«

»In den Ausguss?«

»Ja.«

»Und was ist mit dem Kopf deines Papas? Den kann man ja schlecht an die Hunde verfüttern.«

»Stimmt – den haben wir ausgekocht...«

Anfangs hatte man sich im Dorf noch nichts dabei gedacht, als der Rudi eines Tages plötzlich verschwand. Man war noch nicht einmal sonderlich überrascht. Im Wirtshaus hatte er besoffen immer wieder davon geredet, alles hinzuschmeißen und einfach abzuhauen, weg von seiner fortwährend kreischenden Ehefrau, seinen faulen Töchtern und dem nutzlosen Schwiegersohn in spe. Nach dem spurlosen Verschwinden des eigenbrötlerischen Bauern war daher erst einmal lange Zeit nichts passiert. Seine Familie hatte so weitergemacht wie bisher: indem sie gar nichts gemacht hatte. Denn alle vier waren arbeitslos. Nicht einmal den Bauernhof hatten sie während Rudis Abwesenheit weiter bewirtschaftet. Der Einzige, der in der Familie gearbeitet hatte, war Rudi gewesen. Immerhin hatte die Ehefrau ihn am Tag nach seinem Verschwinden als vermisst gemeldet, doch die Polizeibeamten schenkten der Sache keine große Beachtung.

Der Bauer hatte ohnehin kein gutes Standing im Dorf, galt er doch als ruppig, unfreundlich und auch sonst als ein ziemlich unangenehmer Zeitgenosse. Zeugen sagten später aus, er habe so übel nach Stall gerochen, dass sie die Straßenseite gewechselt hätten, wenn er ihnen entgegengekommen sei. Er sei ein Außenseiter gewesen, habe nie gegrüßt und sei insgesamt irgendwie komisch gewesen. Nur seine arbeitsscheue Ehefrau, seine beiden nichtsnutzigen Teenagertöchter und der faule »Ossi-Freund« der älteren Tochter waren im Dorf noch unbeliebter als Rudi selbst. Alles »Asoziale«, die den ganzen Tag vor dem Fernseher verbrachten, während der schon auf die 60 zugehende Bauer jeden Morgen sein Feld bestellte, den Hof bewirtschaftete und sämtliche anfallende Arbeiten alleine erledigte, so lautete das allseitige Credo. Keiner der vier hatte jemals irgendwelche Anstalten gemacht, auch nur einmal die Mistgabel oder den Besen in die Hand zu nehmen oder dem Bauern sonst irgendwie zu helfen.

Manchmal hatte der missmutige Rudi seinem Ärger über das »faule Gesindel« in der Kneipe Luft gemacht, er hatte dann dem ein oder anderen Dorfbewohner leidgetan, denn er saß stets allein an seinem Stammplatz, in seiner blauen Latzhose mit dem immer selben Hemd und dem ihm immer anhaftenden üblen Stall-Geruch, und kippte in bedachtsamer Regelmäßigkeit jedes Mal zwischen sechs und zehn Halbe Bier, ehe er wieder die Autofahrt nach Hause antrat.

Wenn Rudi also nicht abgehauen war, dann war er vielleicht auf seinem letzten Heimweg zurück von seiner Stammkneipe mit dem Auto sturzbetrunken in die Donau gestürzt. An ein grausames Verbrechen jedenfalls hatte damals wahrlich niemand gedacht. Dabei sollte es am Ende nicht nur die Brutalität der geschilderten Tat sein, die dem Fall bundesweite Beachtung einbrachte.

Doch eins nach dem anderen.

Als es nach gut eineinhalb Jahren noch immer kein Lebenszeichen von Rudi gab, begann die örtliche Polizei dann doch, ein wenig nachzuhaken. Schnell zeigte sich, dass Rudi seit dem Tag seines spurlosen Verschwindens nirgendwo mehr in Erscheinung getreten war. Er hatte weder telefoniert noch Geld abgehoben noch irgendwelche Rezepte für seine Diabeteserkrankung in Anspruch genommen. Vor diesem Hintergrund erschien es durchaus möglich, dass Rudi Opfer eines Verbrechens geworden war. Also leitete die örtliche Polizeidienststelle den Vermisstenfall zuständigkeitshalber an die Kriminalpolizei weiter.

Nachdem Rudi weder Feinde noch Freunde hatte, konzentrierte sich der Verdacht der Ermittler schnell auf seine Familie. Es dauerte auch nicht lange, bis sich die Beamten einen Durchsuchungsbeschluss besorgt hatten und an einem kalten Februartag pünktlich um 6 Uhr morgens vor dem Anwesen des Bauern standen, um sich dort »ein wenig umzusehen«. Nur kurze Zeit später führten sie dann schon die Ehefrau, die beiden Töchter und den Schwiegersohn ab. Tags darauf berichteten die Zeitungen bundesweit von dem grausigen Horrormord. Was in der kurzen Zeit zwischen der Hausdurchsuchung und dem anschließenden Verbringen der Familie ins Polizeipräsidium jedoch genau passiert war, wussten nur die vier Tatverdächtigen und die Kripobeamten. Letztere schienen jedenfalls den richtigen Riecher gehabt zu haben, denn die Verdächtigen waren allesamt geständig. Ein Erfolg auf ganzer Linie also.

Allerdings hatte die Polizei im Haus des Bauern Rudi

keinerlei Spuren gefunden, die auf das von den Tatverdächtigen geschilderte Verbrechen hindeuteten. Es gab weder Hinweise auf einen Kampf noch irgendwelche Blutspuren, Knochenreste oder Mordwerkzeuge und schon gar keine Leiche oder irgendwelche Leichenteile. Einzig die sieben völlig verwahrlosten Hunde, die auf dem Anwesen frei herumliefen, waren stumme Zeugen, die die Ermittler nur allzu gerne befragt hätten...

Für die Ermittlungsbehörden war der Fall jedenfalls glasklar, schließlich hatten die Familienmitglieder das brutale Verbrechen gestanden. Alle vier hatten über kurz oder lang eingeräumt, an der Tat gegen den Bauern entweder unmittelbar beteiligt oder zumindest mit dabei gewesen zu sein, wenn auch die einzelnen Tatbeschreibungen ein wenig variierten. Dass dem armen Rudi jedoch der Schädel eingeschlagen und seine Leiche nicht gerade sachgerecht entsorgt worden war, darin stimmten alle Aussagen irgendwie überein. Der Chefermittler würde später sagen, dass genau dies das berühmte Körnchen Wahrheit an dem Fall gewesen sei. Alle anderen Aussagen hätten letztlich lediglich dazu gedient, die Polizei in die Irre zu führen.

Denn »andere« Aussagen hatte es seitens des mörderischen Quartetts so einige gegeben: So hatte Rudis Ehefrau zunächst behauptet, er sei im betrunkenen Zustand die Treppe hinuntergestürzt und habe sich daraufhin nicht mehr gerührt. Deshalb habe man ihn weggefahren und mit dem Auto in einem Weiher versenkt. Wenig später hatte sie allerdings berichtet, ihm nach seinem unglücklichen Treppensturz noch eins mit einem 70 Zentimeter langen und 10 Zentimeter dicken Kantholz über den Schädel gezogen zu haben, was wohl als mitleidsvoller Gnadenstoß zu interpretieren war – vielleicht sollte der Verunfallte nicht lange an seinen sturzbedingten Verletzungen leiden müssen?

Die Polizei glaubte ihr – bis auf die Sache mit dem Kantholz – kein Wort.

Vielleicht war das der Grund, weshalb die sprachlich und intellektuell wenig begabte Frau kurz darauf aussagte, dass es dann doch kein unglücklicher Treppensturz, sondern vielmehr der unliebsame Schwiegersohn gewesen sei, der ihren Rudi zu Fall gebracht habe, indem er ihm mit dem besagten Kantholz aufgelauert und ihn nach ein paar ordentlichen Schlägen in den Nacken die Treppe hinuntergestoßen habe. Sie selbst habe dann »nur« beim Zerteilen der Leiche und dem Auskochen des Schädels geholfen. Mit Letzterem hatte sie als Hausfrau und Hobbyköchin ja immerhin einige Erfahrung.

Später dann eine weitere Version der Ereignisse: Da Rudi nach dem Schlag mit dem Kantholz noch mit dem Fuß gezuckt habe, habe sie ihm mit einem Hammer die Schläfe eingeschlagen. Und auch was den Verbleib der sterblichen Überreste ihres Mannes anging, hatte sie sehr Unterschiedliches zu berichten. Mal sei er mit Messer, Säge und Axt zerteilt und auf den Misthaufen geworfen worden, mal seien es die fünf Dobermänner, der Bullterrier und der Schäferhund gewesen, die für eine recht effektive Form der Leichenbeseitigung gesorgt hätten, ein andermal sollten es die Flammen gewesen sein, die den Bauer – Gott hab ihn selig – »verspeist« hätten.

Aber nicht nur die Ehefrau des verschwundenen Rudi bediente die Polizei mit mehreren Tatversionen. Auch die anderen beschuldigten Familienmitglieder hatten zahlreiche Varianten parat, wie der Rudi sein wenig erstrebenswertes Ende gefunden habe. So habe er sich zum Beispiel sein Grab selbst geschaufelt, und der ebenso spurlos verschwundene silbergraue Mercedes sei zu einem befreundeten Schrotthändler gebracht worden, der das geliebte Fahrzeug kunstgerecht in seiner Schrottpresse und damit für immer entsorgt habe. Letzterer bestätigte das auch, wenn auch erst nach seiner dritten oder vierten Vernehmung – dazu später mehr.

Auch beim Tatmotiv gab es verschiedene Versionen. Von einem Haustyrannen war zunächst die Rede, der die gesamte Familie stets grob angeschrien, beschimpft und brutal geschlagen habe. Jedenfalls Grund genug, dass seinen vier Opfern wohl irgendwann die Sicherungen durchgebrannt sein könnten und sie sich zu der grausamen Tat veranlasst gesehen hatten. Aber auch die Tatsache, dass die beiden Töchter später äußerten, ihr Vater habe sie jahrelang sexuell missbraucht, dass er gar mindestens zweimal die Woche nachts zu ihnen ins Schlafzimmer gekommen sei, um sich an ihnen zu »bedienen«, war ein handfestes Tatmotiv, sich mit einem Hammer an dem verhassten Vater abzureagieren. Irgendwann hieß es dann auch noch, der zwielichtige Schwiegersohn habe gleichzeitig ein Verhältnis mit beiden Töchtern gehabt und damit »im Revier des Bauern gewildert«. Dies war zumindest für den Gerichtspsychologen ein nicht von der Hand zu weisendes weiteres Motiv, sich des lästigen Inzestvaters zu entledigen.

Wie dem auch sei, am Ende gab es von jedem der vier verbliebenen Familienmitglieder ein plausibles Geständnis und ein handfestes Motiv. Wer braucht da noch weitere Beweise wie Blutspuren, Knochenfragmente, potenzielle Tatwerkzeuge oder dergleichen? Immerhin lag die mutmaßliche Tat schon 1,5 Jahre zurück, und die von den Tatbeteiligten geschilderte Art der Leichenbeseitigung war ja auch eine durchaus effektive Methode; von dem Dosenfutter im Hundefressnapf bleibt schließlich am Ende einer Mahlzeit auch kein Krümelchen mehr übrig. Und sah man sich den verkommenen, völlig abgemagerten Zustand der sieben Hunde an, so konnte man sich durchaus ausmalen, dass ihnen die üppige Leiche des übergewichtigen Rudi auf ihrem Speiseplan sehr willkommen gewesen sein dürfte. Rudis ausgekochter und auf den Misthaufen geworfener Kopf soll schlussendlich als Dünger auf irgendeinem Feld gelandet sein. Ein Gutachter bestätigte den Ermittlern, dass wilde Tiere keinen Unterschied zwischen einem Tierkadaver und den Überresten eines menschlichen Kopfes machen. Beides ist für manche Waldbewohner ein Leckerbissen. Damit ließ sich auch erklären, warum man den Schädel nicht mehr fand. Und von Rudis geliebtem silbergrauen Mercedes blieb durch die Schrottpresse am Ende des Tages ähnlich wenig wie vom Bauern selbst.

Aber kann man in Zeiten von »CSI« und wissenschaftlicher Forensik jemanden wirklich nur aufgrund eines Geständnisses gerichtlich verurteilen, auch wenn es sonst keinerlei weitere Beweise gibt? Und was ist eigentlich mit dem (im Kapitel 1 »Tränen lügen nicht« bereits angesprochenen) Grundsatz, dass sich niemand selbst einer Tat belasten muss? Ist so ein Geständnis dann überhaupt gerichtlich verwertbar?

Beide Fragen lassen sich ganz einfach beantworten: Ja.

Im deutschen Strafprozess genügt es für eine Verurteilung, wenn es mindestens einen Beweis gibt, anhand dessen ein Gericht die Schuld des Angeklagten mit voller Überzeugung feststellt. Und wenn in der Konstellation Aussage gegen Aussage schon die Aussage eines einzigen Belastungszeugen ausreicht, um jemanden ohne jegliche weitere, darüber hinausgehende Beweise zu verurteilen, dann kann es umgekehrt keinen Unterschied machen, wenn diese eine Aussage nicht von einem Zeugen, sondern vom Beschuldigten selbst stammt.

Nun mag man einwenden, dass der Beschuldigte oder Angeklagte ja gerade kein Beweismittel im eigentlichen Sinne ist, schließlich hat er im Gegensatz zu einem Zeugen das Recht, zu schweigen und sogar straflos zu lügen (vgl. Kapitel 1 »Tränen lügen nicht«). Doch die sogenannte Einlassung zur Sache eines Beschuldigten oder Angeklagten hat für die Beweiswürdigung dennoch Bedeutung, weil sie auch als Urteilsgrundlage verwertet werden darf und der Angeklagte meist über besonderes Wissen zum Tatvorwurf verfügt. Seine Aussage ist damit ebenso wie die Beweisaufnahme fester Bestandteil der gerichtlichen Hauptverhandlung und unterliegt damit der richterlichen Beweiswürdigung.

Nachdem der Angeklagte aber ein sehr großes persönliches Interesse am Verfahrensausgang hat, wird das Gericht seiner Einlassung üblicherweise mit einer gewissen Skepsis begegnen – oder mit anderen Worten: Das Gericht wird bei der Würdigung seiner Angaben davon ausgehen, dass er grundsätzlich alles dafür tun wird, um nicht verurteilt zu werden, auch wenn das bedeutet, dass er lügen muss, bis sich die Balken biegen. Gesteht der Angeklagte dagegen, wird das gemeinhin als glaubhaft gewertet – wer würde sich schon selbst fälschlich belasten, zumal er das ja gar nicht muss?

Umgekehrt schließt ein Schweige- und »Lügerecht« aber nicht aus, auf dieses Recht zu verzichten – ein Recht bedeutet ja noch lange keine Pflicht. Und es kann durchaus plausible Gründe für ein solches Verhalten geben. Neben Reue, Scham und Schuldgefühlen oder der Angst, dass die Tat doch irgendwann entdeckt wird, kann ein Geständnis auch auf einer ganz nüchternen Kosten-Nutzen-Abwägung beruhen, beispielsweise um eine üppige Strafmilderung zu bekommen. Natürlich kann es aber auch spontan aus der Vernehmungssituation heraus entstehen. Zum Beispiel weil man sich in Widersprüche verwickelt und nach einer eindringlichen Befragung das Gefühl hat, buchstäblich mit dem Rücken zur Wand zu stehen. Viele Tatverdächtige machen zunächst auch deshalb von ihrem Schweigerecht keinen Gebrauch, um bei den Ermittlungsbehörden nicht den Eindruck zu erwecken, sie hätten etwas zu verbergen. Auch religiöse oder politische Motive können eine Rolle spielen, ebenso wie Geltungsbedürfnis, Renommiersucht, Loyalität und Freundschaft oder gar die große Liebe. Vor allem das berühmt-berüchtigte schlechte Gewissen gilt als häufiger Grund, sich gegenüber der Polizei zu offenbaren.

Das soll laut Gerichtspsychiater auch in unserem Fall das leitende Motiv für das Geständnis der vier Familienmitglieder gewesen sein. Vor allem die beiden Töchter hätten angeblich in der Folgezeit sehr an der grausamen Tat gegen den eigenen Vater gelitten. Doch welche Gründe auch immer für das mörderische Quartett ausschlaggebend waren, um die Tötung des Bauern Rudi zu gestehen, die hier durften es und taten es.

Und die Ermittler brauchten die Geständnisse. Denn wie eingangs erwähnt, gab es keinerlei Sachbeweise oder Zeugenaussagen, anhand derer die Polizei den Mord an Bauer Rudi hätte beweisen können. Die mörderische Familie hatte allem Anschein nach richtig gute Arbeit geleistet – zumindest was die Spurenbeseitigung betraf. Noch nicht einmal im Abflussrohr oder im darüberliegenden Siphon hatte die Spurensicherung irgendwelche Blutanhaftungen finden können, obwohl den Angaben der vier Täter zufolge Rudis Blut mit dem Margarinebecher literweise abgeschöpft und dort entsorgt worden war. Als professionelle Tatortreiniger hätten sie wohl richtig Kasse machen können. Ohne ihr Geständnis wäre ein Tatnachweis also definitiv nicht zu führen gewesen.

Damit zeigt der Fall aber auch, dass Geständnis nicht gleich Geständnis ist. Schließlich gibt es Geständnisse, die erfolgen erst, wenn selbst dem sprichwörtlichen »Blinden mit dem Krückstock« einleuchten muss, dass der Täter schuldig und anhand der objektiven Beweislage bereits mehr als überführt ist. Ein solches Geständnis ist dementsprechend auch wenig wert und wirkt sich bei der Strafzumessung kaum zugunsten des Täters aus. Gerade bei Mordfällen, bei denen zwar ein Verdacht besteht, aber keine ausreichenden Beweise vorhanden sind, sind die Ankläger jedoch nicht selten auf eine Beweisführung über zahlreiche Indizien angewiesen. Reichen diese nicht aus, kann ein Tatnachweis – und damit eine Verurteilung – letztlich oft nur über ein Geständnis erfolgen, dem in einem solchen Fall natürlich eine tragende Rolle zukommt. Und selbst wenn es ausnahmsweise genug Indizien zur Überführung des Täters gibt, erleichtert ein Geständnis doch so einiges, und sei es nur, dass es für das letzte Quäntchen an innerer Überzeugung sorgt.

Daher gibt es bei den Mordkommissionen eigens ausgebildete Vernehmungsspezialisten, die genau wissen, wie man einem Tatverdächtigen richtig auf den Zahn fühlt, und die selbst kleinste Widersprüche in Aussagen erkennen. Ich selbst hatte einmal das Privileg, an einem Workshop der Kriminalpolizei teilnehmen zu dürfen, bei dem angehende Vernehmungsbeamte Tipps und Tricks der richtigen Vernehmungspraxis erlernen sollten. Kurz bevor der Kurs begann, klopfte jemand an der Tür, kam rein, sah uns etwas entgeistert an, murmelte, dass er sich wohl in seiner Tür geirrt habe, und ging wieder. Keiner maß diesem Zwischenfall irgendeine Bedeutung bei, und alle unterhielten sich entweder weiter angeregt mit ihrem Banknachbarn, aßen ihre Frühstücksstulle oder warteten einfach nur darauf, dass der Kurs endlich anfing – bis dann ausgerechnet der Typ von gerade eben hereinkam, sich als Tagungsleiter vorstellte und den Workshop mit den Worten eröffnete: »Sie haben noch viel zu lernen, jemand, der sich in *seiner* Türe irrt, der klopft nicht an.«

Entsprechend harte Gegner sind die Damen und Herren von der Mordkommission dann auch. Selbst wenn man sich unschuldig wähnt oder es sogar ist, nach einer

Vernehmung durch einen solchen besonders geschulten Beamten hat man sich garantiert in ein Dutzend Widersprüche verstrickt. Das ist einer der wichtigsten Gründe, warum der Anwalt einem jeden Beschuldigten rät: Sagen Sie nichts ohne Ihren Anwalt. Denn wer nichts sagt, kann auch nichts Falsches sagen und nichts gestehen – und damit ohne Beweise auch nicht verurteilt werden.

Im Falle der mörderischen Familie war allerdings kein Anwalt zur Stelle, der ihr diesen Rat gegeben hätte. Alle vier Tatverdächtigen haben auf die Beiziehung eines Anwalts verzichtet, obwohl ihnen das durchaus zugestanden hätte – genau wie es bei der Belehrung durch den Detective in unzähligen US-Krimi-Serien immer verkürzt heißt:

Sie haben das Recht zu schweigen. Sie haben das Recht auf einen Anwalt. Alles, was Sie sagen, kann und wird vor Gericht gegen Sie verwendet werden.

Bösen Zungen zufolge besteht ein ganz wesentlicher Teil der Vernehmungsstrategie von Polizeibeamten darin, dem Beschuldigten die Hinzuziehung eines Anwalts auszureden – zumindest bis zum Geständnis. Denn spätestens dann ist angesichts der fatalen Folgen, die den Geständigen erwarten, der Verteidiger zwingend notwendig. Mit an Sicherheit grenzender Wahrscheinlichkeit wird bei einem Mordgeständnis nämlich der Richter einen Haftbefehl erlassen – zu groß ist für den Staat die Gefahr, dass der Verdächtige noch vor seiner Gerichtsverhandlung die Biege macht und verschwindet. Anders als in Amerika helfen Millionenkautionen da auch nicht weiter. Die vier Familienmitglieder mussten also fest damit rechnen, in Untersuchungshaft zu landen. Ihre Inhaftierung war reine Formsache.

Jetzt kam es aber, wie es kommen musste. Denn kaum waren gezwungenermaßen Anwälte in das grausige Verbrechen rund um den verblichenen Bauern Rudi eingeschaltet, rieten sie den Tatverdächtigen genau das, was jeder Verteidiger ihnen geraten hätte: Klappe halten – zumindest ab jetzt. Und was alles bereits Gesagte angeht: sofort widerrufen!

Und nun?

Konnte man die Geständnisse trotzdem noch irgendwie gerichtlich verwerten? Trotz Widerrufs und fortan schweigender Angeklagter?

Man konnte – wenn auch nur mithilfe eines Tricks. Denn im deutschen Strafprozess gilt das sogenannte Mündlichkeitsprinzip. Alles (und damit meine ich wirklich ALLES!), was ein Gericht seinem Urteil zugrunde legen will, muss in der Gerichtsverhandlung mündlich zur Sprache gekommen sein. Was natürlich schwierig wird, wenn der sich zunächst selbst belastende Beschuldigte plötzlich nichts mehr sagen möchte und sein Geständnis widerrufen hat. Doch jetzt schlägt die zweite große Stunde der Vernehmungsbeamten. Sie sind nämlich Zeugen des Geständnisses. Und wie wir aus dem zweiten Kapitel »Nur zweier Zeugen Mund tut Wahrheit kund« wissen, können Personen, die von einem Dritten etwas gehört haben, das, was sie da gehört haben, vor Gericht bezeugen. Zeugen vom Hörensagen.

Und schon steht es wieder Aussage gegen Aussage, wenn auch diesmal in einer ziemlich seltsamen Konstellation. Denn der eigenen Aussage des Täters (beziehungsweise den Angaben des Vernehmungsbeamten, was der Angeklagte bei der damaligen Vernehmung ausgesagt hat) steht seine eigene Aussage zum Zeitpunkt des Geständniswiderrufs gegenüber.

Wer jetzt glaubt, dass das doch irgendwie unfair sei, schließlich habe der Beschuldigte sein früheres Geständnis ja widerrufen, dem wird man sagen müssen: Da hat er Pech gehabt. Denn wie oben so schön beschrieben, hindert das Recht zu schweigen ja niemanden daran, »freiwillig« auf dieses Recht zu verzichten. Und wer seine Rechte preisgibt, der ist grundsätzlich auch nicht mehr schutzwürdig.

Wie das Urteil im Fall der mordlustigen Familie also letztlich ausgefallen ist, dürfte ziemlich klar sein, schenkt man doch dem Wort eines Polizisten schon aus dem Bauch heraus deutlich mehr Glauben als dem eines bestreitenden Tatverdächtigen. Außerdem stellt die höchstrichterliche Rechtsprechung hohe Ansprüche an einen glaubhaften Widerruf. Schließlich gesteht niemand einfach aus Jux und Tollerei einen Mord, wohingegen der Widerruf eines solchen Geständnisses oft und gerade dann erfolgt, wenn man sich plötzlich der nachteiligen Konsequenzen seiner Aussage bewusst wird. Um also ein Gericht davon zu überzeugen, dass das ursprüngliche Geständnis falsch war, muss das schon mit einer sehr einleuchtenden Erklärung verbunden sein – beispielsweise dass man den wahren Täter schützen wollte oder man zu dem

Geständnis durch Folter gezwungen wurde. Gibt es aber keine Anhaltspunkte, die auf etwas Derartiges hindeuten, wird man wohl keinen vernünftigen Zweifel an der Wahrheit des ursprünglichen Geständnisses wecken können.

Wir können also festhalten: Wenn ein Geständnis auch nur einigermaßen überzeugend ist, kann der Angeklagte allein aufgrund dessen und ohne weitere Sachbeweise verurteilt werden – selbst dann, wenn er sein Geständnis später widerruft.

So kam es dann auch.

Nach Überzeugung des Gerichts hatten die vier Angeklagten den Landwirt erschlagen, seine Leiche zerstückelt und die Leichenteile den eigenen Tieren zum Fraß vorgeworfen. Minutiös schilderten die Richter die anhand der Geständnisse rekonstruierten letzten Minuten des unglückseligen Bauern: Die vier hätten dem Familienvater nachts aufgelauert, als er von einem Gaststättenbesuch im Nachbarort auf seinen Hof zurückgekehrt sei. In dem Moment, in dem er das Haus betreten habe, habe der Schwiegersohn mit einem Kantholz mehrfach auf den Kopf und das Genick des Landwirts eingeschlagen, während die Ehefrau und dessen beiden Töchter den jungen Mann dabei angefeuert und das wehrlose Opfer mit obszönen Schimpfwörtern bedacht hätten. Dann habe auch die Ehefrau das Kantholz in die Hand genommen und auf den Kopf ihres Gatten eingeschlagen, während die beiden Töchter auf ihren am Boden liegenden Vater eingetreten hätten. Als er sich schließlich nicht mehr gerührt habe, sei der leblose Körper von allen vieren gemeinsam in den Keller des Hauses geschleppt worden, um ihn dort zu zerteilen. Weil aber der Bauer dann plötzlich unerwartete Lebenszeichen in Form von Zuckungen von sich gegeben habe, habe der Schwiegersohn einen Hammer genommen und das spitze Ende insgesamt viermal in die linke Schläfe des Opfers geschlagen, wobei das Werkzeug tief und fest in den Schädel eingedrungen sei. Daraufhin habe auch die ältere Tochter den Hammer genommen und dem nun leblosen Körper des Familienvaters in einem Moment höchster Erregung noch weitere Schläge gegen den Kopf versetzt. Der Schwiegersohn habe sodann Arme und Beine des Bauern mit einem langen Fleischermesser, einer Eisensäge und einem Beil abgetrennt, den Leib aufgeschnitten, die Organe entnommen, das Blut mit einem Margarinebecher abgeschöpft und die Leichenteile an die auf dem Hof lebenden Tiere verfüttert. Einige andere Überreste des Leichnams habe er auf den Misthaufen geworfen, der ein Jahr später von einem Nachbarn auf ein Feld ausgebracht worden sei.

In ihrer Urteilsbegründung skizzierten die Richter das Bild einer verlotterten, am Rande der Gesellschaft lebenden Familie: die Ehefrau ständig schimpfend, die Töchter faul und verschwendungssüchtig, der im Grunde gutmütige und großzügige Vater schließlich resignierend dem Alkohol verfallend. Bewiesen sei die schreckliche Tat durch die Aussagen der Angeklagten, die – alle zusammengefasst – »ein deutliches und im Wesentlichen übereinstimmendes Bild« ergeben hätten, sodass an der Wahrheit nicht zu zweifeln sei. Der Widerruf ihrer Aussagen sei aus rein prozesstaktischen Gründen erfolgt, als die Anwälte anhand der Aktenlage gemerkt hätten, dass eine Verurteilung ohne die Geständnisse mangels Spuren kaum möglich gewesen wäre. Die Richter waren davon überzeugt, dass sich die Angeklagten die grausigen Details ihrer Tat kaum ausdenken und gleichzeitig so genau hätten schildern können.

Damit war der Fall des »Horrormords ohne Leiche«, wie ihn die Presse immer wieder betitelte, abgeschlossen, und Krimifans hatten wieder etwas dazugelernt: Ein Schuldspruch ohne Leiche scheint entgegen weitverbreiteter Annahmen doch kein Problem zu sein.

Die gesamte Familie wurde wegen der Tötung des Familienoberhauptes zu langjährigen Haftstrafen verurteilt. Daran änderte auch nichts, dass die Ehefrau beim Abführen aus dem Gerichtssaal noch laut schrie: »Und ich weiß, dass er noch lebt!«

Natürlich war es nicht vollkommen auszuschließen, dass Rudi noch lebte. Und mangels Leiche, Blutspuren oder sonstiger physischer Hinweise auf ein Gewaltverbrechen konnte man sich ja auch fragen, ob wirklich alles genau so passiert war, wie das Gericht es festgestellt hatte, oder ob es nicht auch ganz anders gewesen sein konnte. Andererseits: Wo wäre der Rudi denn dann abgeblieben? Von irgendetwas hätte er all die Zeit leben müssen, und seit seinem Verschwinden hatte er ja weder Geld von seinem Konto abgehoben noch sonst irgendein Lebenszeichen von sich gegeben. Und warum sollten gleich vier Personen unabhängig voneinander einen grausigen Mord gestehen, den sie gar nicht begangen hatten, zumal mit solch pikanten Details?

Exakt vier Jahre nach dem Urteil tauchte Bauer Rudi wieder auf.

Das Wort »auftauchen« dürfen Sie dabei allerdings

wörtlich nehmen: Die Echolote eines Elektrizitätsbetreibers hatten nahe einer Staustufe der Donau ein metallisches Objekt von einigem Umfang im Wasser geortet. Taucher der Feuerwehr wurden alarmiert, um das unbekannte Objekt zu bergen. Und siehe da, vom tiefen Grund der Donau lassen sich nicht nur schuppige Leckerbissen herauffischen, bisweilen bekommt man auch mal einen silbergrauen Mercedes an den Haken. Die vielen Hobbyfischer, die sich gewöhnlich an dieser Stelle treffen, hatten keine Ahnung, was sich dort außer ihrer schwimmenden Beute jahrelang noch im Wasser befunden hatte. Dabei hatten sie indirekt immer wieder Kontakt mit dem Auto gehabt. Davon zeugten etliche abgerissene Blinker und Angelschnüre an der Karosserie des geborgenen Wagens.

Im Auto selbst befand sich die vollständig intakte Leiche des angeblich zerstückelten und aufgefressenen Bauern.

Die DNA-Analyse war eindeutig. Eindeutig war laut Obduktionsergebnis auch, dass Rudis Schädelknochen sowie Rumpf und Wirbelsäule »völlig unverletzt« waren. Auch sonstige Hinweise auf Gewalteinwirkung oder Verletzungen durch Schläge mit einem Holzprügel oder einem Hammer gab es nicht, weder an der Kleidung des Toten noch an seinem Körper. Vollständig ausschließen ließen sich Schnitt-, Stich- oder Hiebverletzungen, verursacht beispielsweise durch ein Messer, eine Säge oder eine Axt. Und laut chemisch-toxikologischem Gutachten wurden auch keine Spuren von Gift oder Tabletten gefunden. Was man hingegen sagen konnte, war, dass der tote Landwirt hinter seinem Steuer gesessen haben musste, denn Schien- und Wadenbeine mit Füßen fand man bei den Pedalen.

Ob der Bauer möglicherweise Selbstmord begangen hatte oder aber nach seinem letzten Wirtshausbesuch schlicht betrunken vom Weg abgekommen war, blieb unklar. Nur eines war klar: Das blutrünstige Mordszenario, aufgrund dessen Rudis Familie verurteilt worden war, war ein Fantasieprodukt.

So, wie es das Gericht festgestellt hatte, konnte es definitiv nicht gewesen sein.

Und nun?

Nun wird man sich fragen, wie vier Personen ein Geständnis zu einem Tatgeschehen ablegen konnten, dass niemals stattgefunden hat. Können sich vier Leute wirklich unabhängig voneinander eine solche Geschichte ausdenken? Und vor allem – warum sollten sie?

Um eine Antwort auf diese Fragen zu finden, muss man sich ansehen, *wie* die ganze Ermittlungsgeschichte begann: bei den fehlenden Beweisen. Denn wenn es keine Beweise oder Indizien gibt, kann man nicht verurteilen – zumindest nicht in einem Rechtsstaat, der ja bekanntlich vor Willkür schützen soll. Wenn es aber keine Beweise gibt und das bloße Bauchgefühl nicht Grundlage einer Verurteilung sein darf, dann muss man entweder aus Mangel an Beweisen freisprechen, oder es bedarf eines glaubhaften Geständnisses – so einfach ist die Logik unseres Rechtssystems. Und da es auch in Zeiten von »CSI Miami« noch hinreichend oft vorkommt, dass es einfach keine Beweise gibt, nimmt das Geständnis im Strafprozess eine tragende Rolle ein.

Wie groß die Bedeutung ist, die ihm beigemessen wird, zeigt eine Studie bei der Polizei. Sie ergab, dass selbst Fälle, bei denen es Beweise oder Indizien gibt, erst dann als »eindeutig aufgeklärt« bezeichnet werden, wenn ein teilweises oder vollständiges Geständnis vorliegt. Ähnliches gilt für die Beurteilung eines Verfahrens durch die Staatsanwaltschaft. Gibt es ein Geständnis, wird das Verfahren ohne weitere Nachermittlungen als anklagefähig erachtet. Wer würde sich schon freiwillig falsch belasten?

Es verwundert daher nicht, dass das gezielte Hinarbeiten auf ein Geständnis als eine der wesentlichsten Aufgaben der Ermittlungsbehörden angesehen wird. Die erhebliche Relevanz des Geständnisses als Beweismittel sowie der Erfolgsdruck, der auf den Beamten lastet, die eine hohe Aufklärungsquote erzielen sollen, bergen jedoch auch die Gefahr, sich einseitig auf ein Geständnis zu fokussieren und in der Folge die Rechte eines Beschuldigten zu missachten – und am Ende auch die Wahrheit.

Man erinnere sich dabei nur an den sehr bekannten Fall eines entführten Bankierssohns, bei dem der stellvertretende Polizeipräsident dem mutmaßlichen Täter Folter androhte, um ihn zur Preisgabe des Verstecks des Jungen zu zwingen. Aus Angst vor der angekündigten Gewaltanwendung brach der Beschuldigte sein Schweigen. Der entführte Junge war allerdings schon längst tot. Das konnte der Ermittler natürlich nicht wissen, funktioniert hatte seine Methode aber trotzdem. Nicht umsonst galt Folter noch lange über das Mittelalter hinaus als ein probates Mittel der »Wahrheitsfindung«, das immer zum gewünschten Ziel führt. Dabei muss man gar nicht die ollen Kamellen längst vergangener Hexenprozesse bemühen: Man denke nur an Waterboarding in Guantánamo oder Sippenhaft in der Türkei, um nur einige wenige neuzeitliche Praktiken der Geständniserpressung zu nennen.

In einem Rechtsstaat haben solche Methoden natürlich nichts verloren. Und wer jetzt kurz darüber nachdenkt, ob nicht der Zweck die Mittel heiligt, der sei dann doch wieder an die drei Millionen Hexen und Hexer des 16. und 17. Jahrhunderts erinnert, die am Ende der von Folterknechten geleisteten Überzeugungsarbeit auch allesamt gestanden, mit dem Teufel im Bunde zu stehen. Auch deshalb ist Folter – und natürlich auch nur die Androhung von Folter – in Deutschland verboten.

Das ändert aber nichts daran, dass die Ermittlungsbehörden dennoch bestrebt sein werden, den Tatverdächtigen davon zu »überzeugen«, mit ihnen zu reden, wenn es ausschließlich von ihm abhängt, ob man ihn der Tat überführen kann. Oder besser gesagt: Wenn ein Zeuge die gewünschte Aussage nicht zu machen bereit ist, muss man halt zu anderen Methoden greifen, um von ihm zu hören, was man hören will.

Jetzt kann man einwenden, dass das deutsche Recht nicht nur Folter und Misshandlung, sondern auch andere »unfaire« Mittel zur Aufklärung von Straftaten verbietet. So sind auch Ermüdung, Verabreichung von Drogen, Täuschung, Zwang, Drohung und das Versprechen eines gesetzlich nicht vorgesehenen Vorteils untersagt. Darüber hinaus darf der Beschuldigte – wie bereits mehrfach erwähnt – schweigen, und nicht mal seine Angehörigen sind verpflichtet, als Zeugen gegen ihn auszusagen. Mit anderen Worten: Der Schutz von Beschuldigten geht vor, auch wenn damit auf die Aufklärung eines Verbrechens verzichtet werden muss. Im Extremfall muss ein Verdächtiger sogar bei Fluchtgefahr aus der U-Haft entlassen werden, wenn die Beweislage zu dünn ist.

So die Theorie. Doch was, wenn sich die Ermittlungsbeamten nicht an die Gesetze halten? Wie im Fall des Bankierssohns oder auch in unserem Fall bei der Befragung des Schrotthändlers. Sie erinnern sich: Der hatte ja in seiner polizeilichen Vernehmung letztendlich ausgesagt, Rudis silbergrauen Mercedes im Metallhäcksler verschrottet und so bei der Spurenbeseitigung geholfen zu haben, obwohl auch dieses Geständnis nicht stimmen konnte. Rudis Auto wurde schließlich im Ganzen aus der Donau gefischt. Doch jetzt kommt's: Auch der Schrotthändler hatte sein Geständnis widerrufen und als Grund für seine Falschaussage angegeben, dass ihm der Vernehmungsbeamte der Kriminalpolizei seine Dienstwaffe mit den Worten an die Schläfe gehalten habe: »Wir können auch anders!« Das Gericht glaubte ihm allerdings nicht. Schließlich sei das eine verbotene Vernehmungsmethode, die deshalb auch kein Polizist praktizieren würde. Ist ja verboten. Was für eine treffsichere Logik! Deshalb hält sich ja auch jeder Autofahrer ans Tempolimit. Beweisen ließ sich allerdings nichts, denn anders als in vielen anderen Ländern ist eine Videoaufzeichnung der Vernehmung in Deutschland bislang nicht Pflicht[3]. Deshalb stand auch hier letztlich Aussage gegen Aussage, wobei Sie ja mittlerweile wissen, wem man in Fällen, in denen einer der Aussagenden ein Polizist ist, glaubt.

---

3 Ab 01.01.2020 ist die Videoaufzeichnung – nicht zuletzt wegen dieses Falls – zumindest bei Mordverfahren verpflichtend.

Doch selbst wenn man davon ausgeht, dass der Beamte die Wahrheit sagte, bleibt die Frage, wie der Schrotthändler dazu kam, seine Beteiligung an einer Tat zu schildern, mit der er erwiesenermaßen nichts zu tun haben konnte. Ein Grund dafür könnte in der angewandten »Vernehmungstechnik« liegen. Denn was die Ermittlungsbehörden unumwunden zugaben, war, dass sie dem Schrotthändler, der sich ja zunächst hartnäckig weigerte zu »gestehen«, einen »Deal« anboten: Man könne ihm bei der Verfolgung einer anderweitigen gegen ihn anhängigen Umweltstraftat ein wenig entgegenkommen, wenn er nur endlich zugebe, was er mit dem Auto gemacht habe. Selbstverständlich werde man ihn dann auch aus der U-Haft entlassen. Solche Argumente lassen dann doch den einen oder anderen etwas gestehen, das so niemals passiert ist. Und das Beste daran: Die dem Schrotthändler in Aussicht gestellten Vorteile waren völlig legal, denn gesetzlich war es dem Staatsanwalt durchaus möglich, all das genau so zu veranlassen.

Gut, aber wie hatte man die tatverdächtigen Familienmitglieder »überzeugt«, einen Mord nebst grausiger Leichenbeseitigung zu gestehen, den sie definitiv nicht begangen hatten? Zumindest in Aussicht gestellte Vorteile können wohl kaum der Grund gewesen sein, denn auf Mord gibt es in Deutschland nur eine einzig mögliche Strafe, und die lautet »lebenslänglich«. Angesichts dieser sehr überschaubaren Angebotsvielfalt dürften Argumente in diese Richtung für die vier Familienmitglieder eher wenig überzeugend gewesen sein. Dennoch lautet auch hier das Zauberwort »Vernehmungstechnik«.

In der einschlägigen Fachliteratur liest man, dass die

Anwendung bestimmter Vernehmungsmethoden das Antwort- und damit auch das Geständnisverhalten des Beschuldigten beeinflussen kann. Hierzu zählt beispielsweise der Aufbau eines Vertrauensverhältnisses zum Verdächtigen, sodass ein beharrliches Leugnen der zur Last gelegten Tat in seinen Augen als eine Gefährdung dieses Verhältnisses empfunden wird. Lob oder Komplimente des Vernehmungsbeamten können in einer solchen Situation die Aussagebereitschaft fördern. Auch die sogenannte Zermürbungsmethode ist ein probates Mittel, den Widerstand des Beschuldigten zu brechen und ihn zu einem Geständnis zu bewegen. Dabei unterzieht man ihn einer Vielzahl von langwierigen Verhören, die man mehrfach wiederholt. Die klassische »Good Cop/ Bad Cop«-Masche gehört ebenfalls zu derartigen Vernehmungstechniken. Hier zeigen sich der oder die Vernehmungsbeamte(n) mal als verständnisvoller, empathischer Gesprächspartner, mal als konfrontativer Schimanksi-Typ.

Weitere Faktoren, die Einfluss auf die »Geständnisbereitschaft« des Beschuldigten haben, sind gerne auch Machtspielchen – und sei es nur aufgrund der Autorität des Vernehmenden –, das Aufdecken vermeintlicher Widersprüche in seiner bisherigen Aussage und vor allem der Aufbau von Stress und Vernehmungsdruck, indem zum Beispiel die Aussichtslosigkeit der Lage und die strafmildernde Wirkung einer Aussage übermäßig betont werden.

Eigentlich ist das alles nichts Neues: Um die gewünschte Aussage von dem Verdächtigen zu bekommen, wird er so manipuliert, dass das Geständnis letztlich als seine attraktivste Option erscheint. Er wird in einen Zustand der Hoffnungslosigkeit und Verzweiflung versetzt, in dem ihm der Vernehmungsbeamte als »einziger Freund« verbleibt. Dieser suggeriert ihm dann, dass aufgrund objektiver und unangreifbarer Tatsachen auf seine Täterschaft und den Tatablauf geschlossen werden kann, folglich auch andere Personen wie etwa Staatsanwalt, Richter oder sogar die eigenen Familienangehörigen zwangsläufig zu demselben Ergebnis kommen werden. Danach wird ihm aufgezeigt, wie sich die Lage für ihn im Falle eines Geständnisses deutlich verbessern beziehungsweise bei Verweigerung drastisch verschlechtern könnte. Wir kennen das aus jedem drittklassigen Krimi, und das Schlimme ist, in der Praxis läuft es genauso. Kleine Kostprobe gefällig?

Beschuldigte: »Er ist einfach nie mehr heimgekommen.«
    Ermittler: »Deine Mama hat uns erzählt, dass der Papa sehr wohl nach Hause gekommen ist.«

Widerspruch! Ganz schlecht für die Beschuldigte, denn jetzt glaubt sie, ertappt worden zu sein.

Beschuldigte: »Er ist dann wohl die Treppe runtergefallen.«
    Ermittler: »Man fällt aber doch nicht einfach so die Treppe runter, oder?«

Nicht plausibel! Die Geschichte macht so keinen Sinn. Wieder ist die Beschuldigte »ertappt« worden.

Ermittler: »Also haben die Mama und der Matze den Papa im Streit die Treppe runtergestoßen?«

Suggestion: Man legt der Beschuldigten eine Erklärung (aber natürlich nur die gewünschte) direkt in den Mund.

Ermittler: »Komm, du kannst doch ehrlich zu mir sein. Ich will dir doch nur helfen. Aber ich kann dir nicht helfen, wenn du mir nicht vertraust. Verstehst du?«

Aufbau eines Vertrauensverhältnisses, das die Beschuldigte bloß nicht durch vermeintliche Lügen kaputt machen will.

Ermittler: »War er mal böse zu dir? Dann würde ich verstehen, dass du es gut fandest.«

Zeigen von Verständnis. Anbieten von moralischen Rechtfertigungen oder psychologischen Entschuldigungen für die Tat.

Ermittler: »Das glaub ich dir nicht.«

Gefährdung der Vertrauensbeziehung und Aufbau von Vernehmungsdruck.

Ermittler: »Gut! Du machst das sehr gut!«

Anerkennung, Lob. Dadurch wird die Beschuldigte unbewusst in die Rolle eines Kindes gedrängt, das um die Liebe des Erwachsenen wirbt.

Ermittler: »Es gibt nur zwei Möglichkeiten, ein Auto verschwinden zu lassen: entweder versenken oder beim Schrotthändler verschrotten lassen!«
    Beschuldigte: »Mama hat es verschrotten lassen.«

Aussage-Anpassung der Beschuldigten an die Hypothesen des vernehmenden Beamten.

Man könnte wohl ewig so weitermachen – und dabei wissen wir noch nicht einmal, wie die äußeren Umstände der Vernehmung im Fall des angeblich ermordeten Bauern konkret ausgestaltet waren. Doch das Ziel der Ermittler wird auch so klar: möglichst viel Druck aufbauen, damit der Beschuldigte »endlich gesteht«. Das tut er dann auch hin und wieder, mitunter auch nur, um der hochgradig belastenden Stresssituation zu entkommen – selbst mittels einer Falschaussage.

Nicht selten blenden Beschuldigte, die unter einem solchen Vernehmungsdruck stehen, die langfristigen Nachteile eines Geständnisses aus, um eine kurzfristige Verbesserung ihrer aktuellen Lage zu erzielen. Dabei muss der Druck noch nicht einmal massiv sein. Je nach Konstellation und Persönlichkeit kann auch schon allein die Tatsache, als Beschuldigter vernommen zu werden, für kooperatives Verhalten sorgen. Oft reicht es, eine Entlassung aus der Vernehmungssituation in Aussicht zu stellen. Untersuchungshäftlinge gestehen nach längerer Haft regelmäßig alles Mögliche, nur damit sie endlich freigelassen werden. Anderen wird eine »lückenlose Indizienkette« um den Hals geschlungen, sie sehen keine Chance mehr, der Verurteilung zu entgehen, und erhoffen sich von einem (falschen) Geständnis wenigstens eine mildere Strafe. Jugendliche sind unter Druck besonders verletzlich und leicht zu beeinflussen, sie erahnen oder glauben zu erahnen, was Autoritätspersonen hören wollen. Eine amerikanische Untersuchung hat ergeben, dass 63 Prozent der geständigen Unschuldigen jünger waren als 25 Jahre und 32 Prozent jünger als 18 Jahre. Ebenfalls aus den USA wird berichtet, dass in einem Viertel der Fälle, in denen nachträgliche DNA-Tests die Unschuld der Verurteilten erwiesen, die vermeintlichen Täter ein Geständnis abgelegt hatten.

Aber warum haben die vier Beschuldigten überhaupt ausgesagt, wenn sie doch gar nicht dazu verpflichtet waren?

Auch das lässt sich erklären: Versierte Ermittler haben zahlreiche Tricks auf Lager, um die gesetzliche Belehrungspflicht, welche sie gemeinhin als »schädlich« für die Aufklärung empfinden, möglichst effektiv zu umgehen. So wird eine erste Besprechung mit dem Beschuldigten nicht als Vernehmung, sondern als »informelles Gespräch« klassifiziert, da ein solches noch keiner Belehrung bedarf – schließlich ist es ja nur ein Gespräch und kein »Verhör«.

Oder aber man fügt der verhassten Belehrungsformel einfach noch den Zusatz hinzu, dass man als Beschuldigter zwar grundsätzlich schweigen dürfe, aber jemand, der unschuldig sei, doch auch nichts zu verbergen habe. Sie werden nicht glauben, welche Wunder dieser kleine Satz bewirken kann.

Aber hätte nicht wenigstens das verurteilende Gericht die fehlerhaften Geständnisse erkennen müssen?

Wohl kaum. Denn wenn ein Geständnis erst einmal in der Welt ist, verleitet es alle Prozessbeteiligten zu verhängnisvollen Zirkelschlüssen, impliziert es doch immer, dass der Geständige schuldig ist. Also wird von nun an unbewusst nur noch nach Informationen gesucht, die diese Hypothese bestätigen, selbst wenn man kein persönliches Interesse an deren Aufrechterhaltung hat. Dies führt zu einer Verzerrung der Informationssuche, -wahrnehmung und -verarbeitung – zumal es psychologisch einfacher ist, eine bestehende Hypothese weiter auszubauen und auszuschmücken, als sie zugunsten einer anderen wieder zu verwerfen. Psychologen nennen dieses Phänomen den Bestätigungsfehler. Man könnte aber auch einfach sagen: Man sieht, was man sehen will.

Den Richtern in unserem Mordprozess erging es da nicht anders. Ihnen wurden vier Angeklagte präsentiert, die detaillierte, übereinstimmende Geständnisse abgelegt hatten, die laut Polizei obendrein unabhängig voneinander zustande gekommen waren. Das Gericht erkannte zwar, dass wohl nicht alle Leichenteile an die Hunde verfüttert worden sein konnten – man denke nur an den Kopf und die Knochen –, auch die Version mit dem Misthaufen ging nicht auf, da auf dem Feld, auf dem der Mist ausgebracht worden war, keinerlei Knochenreste gefunden worden waren, aber anstatt angesichts der Beweislage die Geständnisse infrage zu stellen, konstruierte das Gericht um die »glaubhaften« Geständnisse herum eine vollständig neue Fantasiegeschichte – eine geradezu lehrbuchartige Version des Bestätigungsfehlers. Dies liest sich dann wie folgt:

»Es ist jedoch auch möglich, dass die Angeklagten eine Entsorgung der Leichenteile gewählt haben, die aus ihrer Sicht noch furchtbarer war als das Vergraben im Misthaufen und die sie aus diesem Grund nicht angeben wollten. Hierbei denkt das Gericht zum Beispiel an die Möglichkeit, dass der Angeklagte die restlichen Teile an die Schweine verfüttert haben könnte. Der Kammer ist bekannt, dass Schweine als Allesfresser diese samt Knochen gefressen hätten. Es ist durchaus vorstellbar, dass das für den Angeklagten ein noch schrecklicheres Entsorgen der Leiche darstellt als das Werfen auf den Misthaufen, da Schweine als Teil der menschlichen Nahrungskette letztendlich vom Menschen gegessen werden. Hierbei besteht die Möglichkeit, dass die Schweine sogar von der Familie selbst gegessen wurden.«

Nun wissen wir ja dank des grausigen Donaufunds, dass Bauer Rudi weder den Hunden noch den Schweinen verfüttert wurde und dass seine Leiche auch keinerlei Spuren externer Gewaltanwendung aufwies. Doch das Streben nach einem Geständnis erhöht die Bereitschaft, einem solchen Glauben zu schenken. Oder wie es der bekannte Rechtsprofessor Schünemann einmal sagte: »Die heimlichen Hauptbestimmungsgründe des Urteils sind die Vernehmungsprotokolle der Polizei – Staatsanwälte dienen nur noch als Dekoration im Gerichtssaal. Wer in der Vernehmungsmühle der Kripo eine schlechte Figur macht, hat keine Chance.«

So verwundert es auch nicht, dass bei einer Befragung 72 Prozent der Richter angaben, ein vom Verteidiger angebotenes Geständnis auch in solchen Fällen als Entscheidungsgrundlage zu akzeptieren, in denen nach den bisherigen Verfahrensergebnissen die Schuldfrage noch ungeklärt sei. Wie hoch muss diese Quote dann erst bei beweisschwierigen Sachverhalten ausfallen, in welchen – wie hier – keine anderen Beweismittel zur Überführung des Beschuldigten zur Verfügung stehen? Die Richter in unserem Fall hatten jedenfalls keine Zeugen, Sachspuren oder Sachverständigengutachten, um zu klären, ob sie den Geständnissen glauben durften oder nicht. Sie konn-

ten sich ausnahmslos auf die Aussagen der vier Angeklagten stützen – mit fatalen Folgen.

Liebe Leserin, lieber Leser, was ist die freie richterliche
Beweiswürdigung aber dann wert, wenn sie zu solchen
Fehlurteilen führen kann? Müsste man sich in Konstel-
lationen, wo es nur eine einzige Aussage ohne sonstige
weitere Beweismittel gibt, nicht viel mehr zwangsläufig
mit der bitteren Erkenntnis abfinden, dass man die Wahrheit manchmal einfach nicht aufklären kann?

Diese Frage zieht sich durch dieses Buch wie ein roter
Faden, und wieder einmal will ich die Entscheidung ganz
alleine Ihnen überlassen.

Immerhin wird man im vorliegenden Fall feststellen müssen, dass es ja zumindest vier Aussagen waren
und nicht nur eine, auf die sich die Richter stützten. Und
sobald mehr als nur eine Aussage-Person auf der einen
oder anderen Seite steht, kann man sich auf der Suche
nach der »Wahrheit« immer noch damit behelfen, die
verschiedenen Aussagen auf inhaltliche Schwächen oder
eben auch Stärken zu untersuchen. Sagen die Zeugen
beispielsweise übereinstimmend und ohne sich abgesprochen zu haben, dasselbe aus, ist die Wahrscheinlichkeit hoch, dass alles so passiert ist, wie sie es schildern.
Finden sich hingegen zahlreiche Widersprüche, wird
man wohl Zweifel an der Geschichte haben. Jedenfalls
nutzt man diese simple Methode schon seit Tausenden
von Jahren. Klassischer Beispielsfall hierzu ist das bibli-
sche Gleichnis des Daniel. Erinnern Sie sich?

Dieser sollte das Todesurteil an Susanna vollstrecken,
einer Frau von makelloser Schönheit. Susanna war beim

Baden von zwei hoch angesehenen älteren Richtern beobachtet worden, die sich sofort in sie verliebten. Um Susanna zum Geschlechtsverkehr zu zwingen, drohten sie ihr, sie würden ihr einen Ehebruch anhängen, wenn sie nicht mit ihnen ins Bett ginge. Susanna weigerte sich und wurde in einem inszenierten Gerichtsprozess wegen Ehebruchs zum Tode verurteilt. Besagter Daniel hatte allerdings seine Zweifel und überdies eine Eingebung des Heiligen Geistes: Er fragte die beiden Zeugen der angeblichen Tat, die Richter also, einzeln und unabhängig voneinander, unter welchem Baum denn der Ehebruch geschehen sei. »Unter einer Zeder«, sagte der eine. »Unter einer Eiche«, der andere. Susanna kam frei, und die Richter wurden hingerichtet. Seither werden Zeugen übrigens immer einzeln vernommen.

Nur scheint das alles im Fall des angeblich ermordeten Bauern nicht viel geholfen zu haben.

Die vier Verurteilten äußerten sich jedenfalls nie wieder, auch nicht dazu, wie es zu den falschen Geständnissen gekommen war – vielleicht war die Angst zu groß, dass sie wieder etwas Falsches sagen würden, wer weiß.

Am Ende eines aufwendigen Wiederaufnahmeverfahrens wurden sie dann doch noch freigesprochen. Eine Entschädigung für die erlittene Haftzeit erhielten sie übrigens nicht. Schließlich hätten sie die Anklage aufgrund ihrer falschen Geständnisse »selbst verschuldet«.

Es sei alles die Schuld dieses Professors, sagte die noch sichtlich geschwächte Studentin den beiden Kriminalbeamten, die sie in ihrem Krankenzimmer vernahmen. Dabei habe das Inserat total seriös gewirkt, und der Job sei auch sehr gut bezahlt gewesen.

Die junge Frau hatte nur knapp überlebt.

Am Sonntag kurz nach 20 Uhr waren der Fernseher, das Licht und alle anderen elektronischen Geräte im Haus ihrer Vermieter, eines Rentnerehepaars, mit einem dumpfen Knall ausgegangen – ausgerechnet während der »Tagesschau« und kurz vor dem »Tatort«! Danach hatte es keinen Strom mehr gegeben. Immer wenn einer der beiden Senioren die Sicherung im Stromkasten wieder eingelegt hatte, hatte es nur ein bis zwei Minuten gedauert, und sie war erneut herausgesprungen. Mit den elektrischen Geräten im Haus schien alles in Ordnung zu sein, das Problem musste also in der Einliegerwohnung im zweiten Stock liegen, durch deren Vermietung sich das Rentnerehepaar ein bisschen was dazuverdiente. Die junge Frau war zu Hause, öffnete aber nicht. Für das

Paar Grund genug, die Feuerwehr zu alarmieren – ob aus Sorge um die Mieterin oder um seinen sonntäglichen Fernsehabend sei mal dahingestellt. Die Feuerwehr musste die Eingangstür zu der kleinen Wohnung aufbrechen, nachdem die Studentin auch auf vehementes Klopfen hin partout nicht öffnete.

Das Bild, das sich den Rettungskräften dann bot, war ziemlich surreal: Auf dem Boden neben dem Computertisch lag der leblose Körper der 22-Jährigen, mit nacktem Oberkörper und angesengten Haaren. Es roch unangenehm verbrannt. In der Steckdose gleich neben dem Computertisch steckte ein handelsübliches Verlängerungskabel, welches am anderen Ende abgeschnitten und dessen Drähte abisoliert waren. Während das gelbe Erdungskabel um einen Holzkochlöffel gewickelt war, waren der blaue und der braune Draht jeweils um eine Gabel gezwirbelt, welche die Studentin noch in der linken und rechten Hand hielt.

Das erklärte dann auch, warum die Sicherung im Haus immer wieder herausgesprungen war. Besonders tragisch: Da es sich um ein älteres Haus mit einer noch alten Fehlerstrom-Schutzeinrichtung handelte, war die Stromzufuhr immer erst nach ein bis zwei Minuten unterbrochen worden, sodass die Studentin mehrfach hintereinander für ziemlich lange Zeit den 230 Volt aus der Steckdose ausgesetzt gewesen war. Die Vermieter hatten ihr also unwissentlich jedes Mal lebensgefährliche Stromstöße verpasst, als sie die Sicherung zur Rettung ihres allsonntäglichen Fernsehabends wieder eingelegt hatten. Nur durch das schnelle Eingreifen der Rettungskräfte konnte die Studentin buchstäblich in letzter Sekunde gerettet werden – ausgerechnet mittels der heftigen Stromstöße eines Defibrillators. Man konnte also wirklich von Glück sprechen, dass sie ihre Wahnsinnstat überlebte.

Dass es sich dabei um einen Suizidversuch gehandelt hatte, daran bestand angesichts der Auffindesituation zunächst überhaupt kein Zweifel, wenngleich es schon eine sehr merkwürdige Art und Weise gewesen war, Selbstmord zu begehen. Die Polizei wurde erst eingeschaltet, als die vermeintlich lebensmüde Studentin auf der Intensivstation wieder zu sich kam und den Ärzten erzählt hatte, was passiert war.

Die beiden Kriminalbeamten reagierten zunächst äußerst skeptisch auf die Geschichte, die ihnen die Studentin da als Grund für ihren »Unfall« – wie sie es nannte – auftischte. Ein Professor für Schmerztherapie einer renommierten deutschen Universität habe auf einer sozialen Plattform im Internet Freiwillige für ein Forschungsprojekt gesucht. Dabei sei es um das unterschiedliche Schmerzempfinden von Mann und Frau gegangen sowie um den wissenschaftlichen Beweis, dass dies bei Männern stärker ausgeprägt sei als bei Frauen – kurzum also um eine im Alltag hinlänglich bekannte Tatsache: Die Männergrippe ist schlimmer als Kinderkriegen. Die Teilnahme an dem Experiment sei mit 380 Euro für den nur halbstündigen Aufwand außerordentlich gut bezahlt gewesen. Der Professor selbst habe sie gleich über die Chatfunktion der Plattform angeschrieben und ihr alles sehr geduldig erklärt und all ihre Fragen beantwortet. Er habe ihr versichert, dass sich die mittels Stromstößen induzierten Schmerzreize in einem völlig erträglichen Maß halten würden, da nur die Hautoberfläche davon betroffen sei. Für sie habe sich das alles nachvollziehbar und eben auch äußerst lukrativ angehört.

Selbstverständlich habe sie den Professor und sein Institut zuerst einmal gegoogelt und sei sogar ziemlich beeindruckt gewesen, wie renommiert der Forscher sei. Den vielen Auszeichnungen auf der Homepage der Universität zufolge vielleicht der nächste Nobelpreisträger. Deshalb habe sie keinen Verdacht geschöpft, als er sie am Abend ihres unrühmlichen »Unfalls« im Skype-Chat um einen kurzen, ganz einfach im Selbstversuch zu realisierenden Eignungstest gebeten hatte, bevor es zu dem eigentlichen Versuch im Schmerzlabor kommen sollte. Er habe solche Tests schon Hunderte Male durchgeführt und betreut, sie müsse sich also keine Sorgen machen. Unter seiner Anleitung und Überwachung per Videotelefonie solle sie sich mithilfe handelsüblicher Haushaltsgegenstände einen kurzen Schmerzreiz setzen, den sie dann auf einer von ihm entwickelten Schmerzskala von 1 bis 10 einzuordnen habe. Anhand des so ermittelten Ergebnisses könne er dann beurteilen, ob sie für den Versuch im Schmerzlabor – dessen Anreise und Übernachtungskosten selbstverständlich on top bezahlt würden – geeignet sei.

Bei dem anschließenden Videotelefonat sei nur sie dem Professor zugeschaltet gewesen, weil er im Umgang mit der Chatplattform angeblich nicht so sicher sei und sein ihn sonst technisch unterstützender wissenschaftlicher Assistent nicht vor Ort. Deshalb sei der Professor für sie selbst leider nicht zu sehen gewesen, angesichts seines fortgeschrittenen Alters habe sie seine Erklärung aber nicht argwöhnisch gemacht. Schließlich sei es ja bei dem Video-Chat auch nur darum gegangen, dass der Wissenschaftler sie bei dem Selbstversuch habe beobachten und medizinisch überwachen können.

Der Professor habe sie dann gefragt, ob sie irgendein Stromkabel im Haus habe, das sie nicht mehr benötige, was für ein Kabel sei egal, Hauptsache, man könne es in die Steckdose stecken. Nachdem sie ein geeignetes Verlängerungskabel gefunden gehabt habe, habe er ihr genau beschrieben, was zu tun sei: Zunächst habe sie das Kabel an der Seite, an der sich der »weibliche« Stecker befunden habe, mit einer Schere abschneiden und dann mit einem scharfen Messer circa 20 Zentimeter längs der weißen Isolierung aufschneiden müssen. Zum Vorschein seien drei Drähte gekommen, ein gelber, ein blauer und ein brauner, die sie an den jeweiligen Enden habe abisolieren sollen. Zur Unterstützung habe ihr der Professor sogar einen Link zu einem Internetvideo geschickt, in dem ein Do-it-yourself-Handwerker Schritt für Schritt den interessierten Betrachter angeleitet habe. Der Professor habe das Unterfangen via Videotelefonie an seinem Bildschirm verfolgt und noch zusätzliche Tipps gegeben. Sie habe sich unter seiner Anleitung stets sicher und gut aufgehoben gefühlt.

Jedenfalls habe sie dann, nachdem die Kupferdrähte freilagen, weisungsgemäß zwei Metallgabeln aus ihrem Besteckkasten genommen. Hierbei war dem Professor sehr wichtig gewesen, dass diese nicht komplett aus Metall waren, sondern einen Kunststoffgriff hatten. Auch das war für den gut sortierten Haushalt der Studentin kein Problem, gleiches galt für den Holzkochlöffel, den sie ebenfalls für den Versuchsaufbau benötigte. Der sei im Übrigen ihre Lebensversicherung, habe der Professor noch gemeint. Das stromisolierende Holz werde dafür sorgen, dass sie während des Versuchs zu jeder Zeit geerdet und damit vor einer unkontrollierten »Überspannung« geschützt sei – absoluter Blödsinn, wie sich im Nachhinein herausstellte.

Im nächsten Schritt hatte sie nun ihren Oberkörper frei machen sollen. Die Begründung des Professors schien ihr plausibel: Die metallenen Häkchen ihres Büstenhalters stellten ein unkalkulierbares Risiko dar – schließlich leite Metall Strom. Auch sonstige Oberbekleidung könne teilweise stromleitende Fähigkeiten besitzen, dies sei aus der Ferne schwer zu beurteilen; im schlimmsten Fall könne die Kleidung sogar Feuer fangen, ohne Klamotten bestehe in dieser Hinsicht aber überhaupt kein Risiko. Um ihre eigene Sicherheit solle sie sich aber ansonsten keine Sorgen machen, der ohmsche Widerstand der Haut sei letztlich viel zu groß, als dass der Strom ihr auch nur im Geringsten schaden könne – zudem gebe es ja auch noch den mit dem gelben Schutzleiter umwickelten Holzlöffel, der jegliche Gefahr ausschließe.

Die Studentin hatte sich wunschgemäß obenrum frei gemacht und auf Anweisung des Professors den Stecker der selbst gebastelten Apparatur in die Wandsteckdose gesteckt, sich vor den Bildschirm ihres Computers gesetzt und die Kunststoffgriffe der an der Apparatur befestigten Gabeln in je eine Hand genommen, um sie sich dann gleichzeitig jeweils an die linke und rechte Seite auf Höhe ihrer Brust zu halten. Dann war ihr schwarz vor Augen geworden...

Der erste Eindruck der Kommissare war, dass sich die junge Frau im Nachhinein irgendeine absurde Geschichte ausgedacht hatte, um ihren misslungenen Suizidversuch zu rechtfertigen – vermutlich weil ihr die ganze Angelegenheit extrem peinlich war. Es kommt nicht selten vor, dass gescheiterte Selbstmordversuche gegenüber Freunden und Familie als »Unfall« verharmlost werden, nicht zuletzt, um einer drohenden Einweisung in die geschlossene Abteilung der Psychiatrie zu entgehen. Andererseits hörte sich die Geschichte der Studentin für eine Ausrede schon fast wieder zu abenteuerlich an. Auch war die Art der Tatausführung für einen Suizid doch eher unüblich. Warum sollte sich jemand, der aus dem Leben scheiden will, mit nacktem Oberkörper vor den Computer setzen? Sofern ihre Behauptungen aber wirklich stimmten, mussten sich noch entsprechende Nachweise in Form von Chatverläufen auf ihrem Computer befinden. Und siehe da: Eine forensische Datenanalyse und Auswertung ihres Computers beim Landeskriminalamt bestätigte den von der Studentin geschilderten Sachverhalt bis ins Detail. Besonders makaber war dabei, dass nach dem Wiederherstellen des Chatfensters im Internetbrowser ihres Computers noch immer der penetrante Werbeslogan irgendeines Stromkonzerns blinkte: »Jetzt Stromanbieter wechseln!«

Selbstverständlich ließ sich auch der besagte Professor der renommierten Universitätsklinik sehr schnell ermitteln, schließlich hatte er ja in seinem tatsächlich sehr professionell wirkenden Chatprofil freimütig die Homepage seines Instituts verlinkt. Die eingesetzten Beamten waren nicht gerade zimperlich im Umgang mit dem hochdekorierten Mann Anfang 60. In Handschellen wurde er vor den Augen seines Personals und sämtlicher Patienten abgeführt, und all seine Computer wurden sichergestellt. Zeitgleich liefen die Polizisten in sein schmuckes Stadthaus ein und stellten auch dort alles gründlich auf den Kopf. Und obwohl der Professor vehement bestritt, irgendetwas mit dem Fall zu tun zu haben, landete er erst mal in U-Haft. Der Vorwurf lautete auf versuchten Mord, schließlich lag der Verdacht nahe, dass er unter dem Vorwand eines sogenannten Eignungstests in Wirklichkeit vielmehr seinen Geschlechtstrieb hatte befriedigen wollen und dabei den möglichen Tod seines Opfers billigend in Kauf genommen hatte.

Doch der schnelle Ermittlungserfolg der Polizei sollte eine abrupte Wendung nehmen: Auf keinem der beschlagnahmten Geräte konnten irgendwelche Hinweise darauf gefunden werden, dass es den fraglichen Chat je gegeben hatte. Insgesamt schien der Professor eher der »analoge Typ« zu sein. Mit Internetnutzung hatte er nicht viel am Hut. Zudem hatte er für den Abend der Tat ein Alibi. Eine Abfrage der IP-Adresse des Chatpartners der Studentin brachte dann endgültige Sicherheit. Aufgrund der sogenannten Vorratsdatenspeicherung sind Telekommunikationsanbieter schließlich dazu verpflichtet, Verkehrsdaten ihrer Kunden, Standortinformationen und eindeutige Geräteidentifikationen für einen bestimmten Zeitraum zu speichern, damit Polizei und Nachrichtendienste bei gegebenem Anlass darauf zugreifen können. Und siehe da, der Professor schien tatsächlich die Wahrheit zu sagen: Der Internetanschluss, von welchem aus der Chat mit der ahnungslosen Studentin geführt worden war, ließ sich einer Adresse zuordnen, die ganze 400 Kilometer von der Klinik des Professors entfernt war. Er hatte mit der ganzen Sache also offenbar wirklich nichts zu tun.

Der ermittelte Anschluss konnte einer kleinen Studentenbude in Hamburg zugeordnet werden, in der laut Einwohnermeldeamt ein 33-jähriger und ein 35-jähriger Mann wohnten. Vincent und Florian hießen die beiden, zwei Langzeitstudenten mit wenig Kontakt zur Außenwelt. Zwei »Nerds« würde man neudeutsch sagen, nicht vorbestraft und bei der Polizei bisher auch sonst noch nie auffällig geworden. Doch die Ermittlungsergebnisse waren eindeutig: Der Video-Chat zwischen der Studentin und dem vermeintlichen Professor für Schmerztherapie war von ihrem Appartement aus erfolgt. Während der echte Professor also wieder auf freien Fuß gesetzt wurde, bekamen Vincent und Florian überraschenden frühmorgendlichen Besuch von der Polizei. In Handschellen aufs Revier gebracht, wurde den beiden getrennt voneinander der schwere Tatverdacht eröffnet: versuchter Mord in mittelbarer Täterschaft. Zwar hatte die ahnungslose Studentin die Stromstöße selbst gegen sich ausgeführt, jedoch nur im Vertrauen auf die »seriösen« Angaben des angeblichen Professors. Der oder die Täter hatten sie quasi als Tatwerkzeug gegen sich selbst benutzt. Auch das ist logischerweise strafbar.

Jetzt wird man sich allerdings zu Recht fragen, was das alles mit einer Aussage-gegen-Aussage-Konstellation zu tun hat. Mit der Ermittlung des Internetanschlusses, von dem aus die Tat begangen wurde, gibt es nun schließlich einen (unabhängigen) Sachbeweis, ganz gleich, was die Studentin oder Florian und Vincent aussagen. Doch

Vorsicht! Woher wissen wir denn, dass es auch wirklich Vincent und Florian waren, die mit der Studentin gechattet haben? Ganz nüchtern betrachtet, haben wir bis dato lediglich den Beweis, dass das über den IP-Anschluss des WLAN-Routers aus ihrer Wohnung geschah. Sofern also keine weiteren Beweise auftauchen, bliebe noch immer die theoretische Möglichkeit, dass jemand aus den zahlreichen angrenzenden Wohnungen den Anschluss genutzt hat, denn verschlüsselt war Vincents und Florians WLAN tatsächlich nicht, wie eine technische Untersuchung des Routers respektive der WLAN-Einstellungen ergab. Vielleicht war es den beiden ja ähnlich ergangen wie dem unglücklichen Professor.

Wenn Vincent und Florian unter diesen Umständen nun aber behaupten würden, dass sie mit der ganzen Sache nichts zu tun hätten und sich irgendwer anders in ihr WLAN eingewählt haben müsse, wie würde ein Gerichtsurteil dann wohl ausfallen? Könnte man die beiden überhaupt verurteilen? Schließlich würde die Situation einer Aussage-gegen-Aussage-Konstellation ja zumindest stark ähneln, nur dass auf der einen Seite statt der Aussage eines Zeugen ein stummer Sachbeweis stünde, in diesem Fall der IP-Anschluss. Wie würde ein Richter in diesem Fall entscheiden? Könnte er überhaupt eine Entscheidung treffen?

Dass er trotz der doch etwas mauen Ausgangslage, wenn lediglich ein Beweis einem anderen gegenübersteht, eine Entscheidung treffen dürfte beziehungsweise sogar müsste, wissen wir bereits aus dem Kapitel 1 »Tränen lügen nicht«. Die magische Formel hierfür lautet »freie richterliche Beweiswürdigung«. Wir erinnern uns:

Im deutschen Prozessrecht gibt es keine festen Beweisregeln, das heißt, für eine Verurteilung wird weder vorausgesetzt, dass mindestens zwei belastende Aussagen existieren, noch, dass es zu einem Zeugenbeweis immer noch einen unabhängigen Sachbeweis gibt. Ein Richter muss nicht einmal zwingend freisprechen, wenn er einen Zeugen beim Lügen ertappt. Allein seine persönliche, rein subjektive Überzeugung von der Richtigkeit des angeklagten Sachverhalts soll ausschlaggebend sein – egal ob für eine Verurteilung oder einen Freispruch.

Bei ihrer Einführung galt diese richterliche Freiheit als große Errungenschaft, löste sie doch die davor verbreitete Praxis der Inquisitionsprozesse ab, bei denen Sachbeweise keine Gültigkeit hatten. Sofern es keine Zeugen gab, konnte deshalb nur im Falle eines Geständnisses verurteilt werden – das dann meist durch Folter generiert wurde. Doch auch wenn eine freie Beweiswürdigung, die keinen Beweisregeln unterworfen ist, besser erscheinen mag als die dunklen Zeiten der Inquisition, muss man doch feststellen, dass auch die schrankenlose Freiheit eines Richters bei der Beweiswürdigung zu recht willkürlichen Prozessergebnissen führen kann. Deshalb sind auch ihr gewisse Grenzen gesetzt, die den Angeklagten vor willkürlichen Entscheidungen bewahren sollen. So versteht es sich in einem Rechtsstaat von selbst, dass Beweise erschöpfend gewürdigt werden müssen. Auch gesetzliche Beweisverwertungsverbote sind zu beachten, das heißt, dass beispielsweise auf Folter oder mangelnder Belehrung beruhende Geständnisse nicht verwertet werden dürfen (vgl. das Kapitel 3 »Das Mords-Geständnis«). Weiterhin muss ein Richter gesicherte wissenschaftliche

Erkenntnisse, Gesetze der Logik und Erfahrungssätze des täglichen Lebens berücksichtigen. Anders gesagt: Die richterliche Entscheidung muss sich zumindest auf eine objektiv und rational nachvollziehbare Beweiswürdigung stützen, auch wenn sie von persönlicher Überzeugung und subjektiver Gewissheit getragen wird. Die Entscheidung muss auf einer tragfähigen Tatsachengrundlage und auf logisch nachvollziehbaren Schlussfolgerungen beruhen, nicht auf bloßen Vermutungen, die objektiv betrachtet nicht mehr als einen Verdacht begründen können, sei dieser auch noch so schwerwiegend und naheliegend.

So viel zur Theorie. Und was bedeutet das jetzt für Vincent und Florian? Könnten sie nur anhand der IP-Adresse des (offenen) Netzwerks verurteilt werden, wenn sie doch mit großen Augen beteuern, nichts mit der Sache zu tun zu haben (und auch sonst keine Beweise gegen sie sprechen)?

Um es kurz zu machen: Nein. Denn ein Beweis im Sinne eines Tatnachweises ist nur dann gegeben, wenn sich die Tatsache, die damit bewiesen werden soll, auch *unmittelbar* aus dem Beweis ergibt. Wenn also zum Beispiel ein unmaskierter Bankräuber mit der Pistole in der Hand vor dem Schalter des Bankangestellten gefilmt wird, dann beweist dieses Video unmittelbar, dass genau die Person, die auf dem Video zu sehen ist, den infrage stehenden Banküberfall begangen hat. Die ermittelte IP-Adresse im Fall unserer Studentin ist aber lediglich ein Beweis dafür, dass der Chat über diesen Internetanschluss geführt wurde. Natürlich ist die Wahrscheinlichkeit hoch, dass es einer der beiden Mitbewohner war, doch wer letztlich vor dem Computer saß (Florian, Vincent, beide oder ein anonymer Hacker), lässt sich damit nicht klären. Bei der ermittelten IP-Adresse handelt es sich dementsprechend um keinen Beweis, sondern lediglich um ein Indiz – wenn auch um ein Indiz von einigem Gewicht.

Aber reicht denn dieses Indiz nicht aus? Immerhin bedeutet »freie richterliche Beweiswürdigung« doch auch, dass die Überzeugung des Richters nicht das Ergebnis *zwingender* Schlussfolgerungen zu sein braucht. Sonst wären ja reine Aussage-gegen-Aussage-Situationen überhaupt nicht zu lösen, schließlich besteht hier immer die Möglichkeit, doch dem falschen Zeugen zu glauben.

Das mag richtig sein, aber ein Zeuge ist eben ein »echtes« Beweismittel im Sinne der Strafprozessordnung, aus dessen Aussage unmittelbar auf die von ihm gemachte Wahrnehmung des tatsächlichen Geschehens geschlossen werden kann – wenn man ihm denn glaubt, aber das ist wieder eine andere Frage. Bei einem Indizienprozess liegen dem Gericht dagegen weder ein Geständnis noch sonstige Tatzeugen oder vollwertige Beweismittel vor, aus welchen sich die Täterschaft des Angeklagten unmittelbar ergeben würde. Dafür gibt es aber mehrere Tatsachen (Indizien), aus denen die eigentlich zu beweisende Haupttatsache logisch hergeleitet werden kann. Auch hier können Gerichte am Ende des Prozesses schließlich zu einer Entscheidung über Schuld oder Unschuld des Angeklagten kommen, sofern eine Gesamtwürdigung aller vorliegenden Indizien nach dem Dafürhalten des Richters zum Nachweis der Täterschaft ausreicht. Für alle Krimifans unter Ihnen: Auch der berühmt-berüchtigte

Indizienprozess kann also im Ergebnis mit einer Verurteilung enden, ähnlich dem Mord ohne Leiche.

Das heißt: Für Vincent und Florian sieht es damit doch schlecht aus, oder?

Aber was ist mit dem Einwand, dass es rein theoretisch sein könnte, dass sich jemand anderes in ihr WLAN eingeloggt hat, um die grausame Tat zu begehen? Würde das nicht etwas an der Überzeugungsbildung eines Richters ändern?

Ich wage es zu bezweifeln. Es verhält sich in solchen Fällen ein bisschen wie bei einer »typischen« Unfallflucht. Hat man das Kennzeichen des Unfallverursachers herausgefunden, so wird man unmittelbar den Halter des Fahrzeugs verdächtigen, da kann er noch so lange behaupten, es könne »theoretisch« doch auch jemand anderer gefahren sein. Solange sich das nicht überzeugend belegen lässt, zum Beispiel durch ein Alibi oder weil unmittelbar nach dem Unfall der wahre Fahrer geblitzt wurde, sieht es eher schlecht für den Fahrzeughalter aus.

Natürlich kann und darf das rein subjektive Gefühl des Richters trotz aller Freiheit bei seiner Beweiswürdigung nicht ausreichen, um jemanden im Extremfall wegen Mordes lebenslänglich einzusperren. Das hindert ihn aber nicht daran, beim Vorliegen mehrerer Sachverhaltsvarianten, von denen keine zwingend ausgeschlossen ist oder sich als besonders glaubwürdig aufdrängt, eine für den Angeklagten ungünstige Variante zu wählen. Wie gesagt, er ist in seiner Überzeugungsbildung ja grundsätzlich frei. Auch gibt es keine feste Rangordnung oder einen vorgegebenen Wert, den der Richter einem Indiz,

Beweismittel oder den Angaben eines Angeklagten beimessen muss. Der Richter kann und darf vielmehr jedes Beweismittel in seiner Bedeutung in eigener Verantwortung selbst frei würdigen.

Allerdings ist seine Beweiswürdigung dann lückenhaft, wenn er sich nicht mit einem plausiblen alternativen Handlungsablauf oder mit alternativen Tatmodalitäten wenigstens befasst und auseinandersetzt, soweit sich das nach dem Beweisergebnis aufdrängen würde. Das heißt, bei Beweismitteln, die mehrere mögliche Schlüsse oder Deutungen zulassen, muss sich der Tatrichter erkennbar mit den naheliegenden Alternativen auseinandersetzen, bevor er sich für eine davon entscheidet. Und naheliegend ist eine Alternative insbesondere dann, wenn sie mit der gegebenen Sachlage ebenso gut vereinbar ist. Der Richter darf also zum Beispiel nicht argumentieren, dass die für den Angeklagten günstige Variante nicht von Indizien bestätigt wird und lebensfremd erscheint, ohne erkennbar zu erwägen, dass alle sonst in Betracht kommenden Möglichkeiten auch nicht wesentlich glaubhafter sind. Da hilft es dann auch nicht, wenn er besonders nachdrücklich darlegt, dass ihn die belastende Schlussfolgerung besonders überzeugt hat.

Kurz zusammengefasst: Ein Urteil aufgrund freier eigener Überzeugung eines Richters ohne starre Beweisregeln ist möglich, bleibt aber eine naheliegende Gegenhypothese nach der objektiven Beweislage unwiderlegt, genügt auch eine subjektiv sichere Überzeugung nicht für eine Feststellung von Unrecht und Schuld. Eine solche Beweiswürdigung wäre unvollständig, widersprüchlich und lückenhaft, also ohne nachvollziehbare Grundlage.

Allein durch die ermittelte IP-Adresse ist die Täterschaft von Vincent oder Florian aber eben nicht unmittelbar bewiesen. Immerhin hätte sich ja auch ein Unbekannter in ihr WLAN einloggen können, eine Tatalternative also, die nicht zu widerlegen ist und damit in denknotwendiger Weise keine richterliche Überzeugungsbildung in die ein oder andere Richtung erlaubt.

Allerdings wurden in dem Fall rund um Florian und Vincent tatsächlich weitere Beweise gefunden. Jede Menge sogar. Denn die Auswertung des bei ihnen sichergestellten Computers ergab eindeutig, dass der Chat mit der Studentin von diesem Gerät aus geführt worden war. Nicht nur die Chatprotokolle aus dem Account des vermeintlichen Professors waren noch vorhanden, nein, es gab sogar einen Videomitschnitt der Tat. Aber auch das war nur die Spitze des Eisbergs. Auf der Festplatte befanden sich noch zahlreiche weitere mitgeschnittene Video-Chats mit Opfern des »Experiments«, allesamt junge Frauen im Alter zwischen 20 und 30 Jahren, welche mit nacktem Oberkörper vor der Kamera ihres Computers saßen und sich mit selbst gebastelten metallenen Gegenständen – die an diversen Drähten und Kabeln hingen – selbst malträtierten. Angesichts der Menge an Taten wurde sogar eine eigene Sonderkommission gebildet, um die zahlreichen Opfer ausfindig zu machen, die über das gesamte Bundesgebiet verstreut waren. Die meisten hatten entweder aus Scham geschwiegen, oder es war ihnen nicht geglaubt worden. Ein paar saßen in der geschlossenen Psychiatrie, und viele konnten nicht gefunden werden, möglicherweise waren einige auch verstorben. Ob also sogar vollendete Morde auf das Konto des Täters oder der Täter gingen, war nicht so einfach festzustellen. Hierzu hätte man sämtliche als Suizid verbuchten Todesfälle im Zusammenhang mit Strom überprüfen müssen – keine einfache Aufgabe, wenn nie von einem Verbrechen ausgegangen worden war.

Am Ende ihrer Ermittlungen zählte die SoKo »Strom« jedenfalls 200 gleich gelagerte Fälle, wenn auch Gott sei Dank keinen einzigen tödlichen. Auf den ersten Blick ein großartiger Fahndungserfolg. Schließlich war nun – anders als in dem oben skizzierten Szenario – der »volle Beweis« dafür erbracht, dass es der Besitzer des sichergestellten Computers gewesen sein musste, der neben der Studentin aus unserem Fall auch noch 199 weitere Frauen in tödliche Gefahr gebracht hatte. Insoweit war es dann auch nicht verwunderlich, dass die Anklage des Staatsanwaltes gegen Vincent und Florian auf versuchten Mord in 200 Fällen lautete – was ganz nebenbei bemerkt dazu führte, dass die Mordrate in Deutschland in diesem Jahr statistisch betrachtet um 15 Prozent anstieg. Darüber hinaus hatte die Polizei mit ihrem Ermittlungserfolg vermutlich auch noch Schlimmeres verhindert: Wer weiß, wie viele Menschen hätten sterben müssen, ehe Vincents und Florians perverse Machenschaften aufgedeckt worden wären.

Nun gab es allerdings für das zuständige Gericht ein neues Problem: Der Computer mit den 200 Videos von den ahnungslosen »Versuchskaninchen« war im gemeinsamen Wohnzimmer von Vincent und Florian gefunden worden, und nicht etwa in einem ihrer Zimmer. Auch war er offenbar von beiden Bewohnern genutzt worden. Eine eindeutige Zuordnung des Skype-Accounts und des Videomaterials zu einem der beiden war jedenfalls nicht möglich, der Computer verfügte auch nur über ein einziges Benutzerkonto. Und so kam es, wie es kommen musste: Sowohl Vincent als auch Florian bestritten, irgendetwas mit den Taten zu tun zu haben. Das ließ vier denkbare Möglichkeiten:

- Entweder Florian sagt die Wahrheit, und Vincent war der Täter.
- Oder aber Vincent sagt die Wahrheit, und Florian war der Täter.
- Womöglich waren auch beide gemeinsam an der Tat beteiligt.
- Oder aber keiner von beiden war es, sondern wieder mal ein anonymer Hacker.

Immerhin konnte das Gericht die letzte These als ziemlich unwahrscheinlich ablehnen, denn anders als bei einem offenen WLAN-Zugang gestaltet sich der Zugriff auf einen fremden Computer doch relativ schwierig – wenn es auch zugegebenermaßen nicht unmöglich ist. Außerdem spricht die allgemeine Lebenserfahrung schon deshalb gegen einen anonymen Hacker, weil derjenige wohl herzlich wenig davon gehabt hätte, Videos mit malträtierten Oben-ohne-Frauen auf einem fremden Rechner zu speichern. Vielmehr würde man erwarten, dass er das auf dem eigenen Computer tun würde, zumal er ja sonst immer mit der Angst leben müsste, dass Vincent oder Florian die Dateien entdecken und löschen oder das Ganze bei der Polizei zur Anzeige bringen könnten. Und damit hätte er durchaus rechnen müssen, da die Videos relativ gut zugänglich und sauber sortiert in einem Ordner namens »Strommädchen« abgelegt waren – auf den ersten Blick zwar nicht offenkundig erkennbar, aber eben auch nicht sonderlich gut versteckt.

Und für alle Verschwörungstheoretiker unter Ihnen, die eine gemeine Falle vermuten, in die Vincent und/oder Florian manövriert wurden: Hätte der fiese Hacker nur deshalb die Taten begangen und die inkriminierten Dateien auf dem Computer abgespeichert, um Florian und Vincent damit ins Gefängnis zu bringen, hätte es wohl eine anonyme Anzeige oder irgendeinen Hinweis an die Polizei geben müssen. So war es jedoch nur dem Zufall zu verdanken, dass der Versuch mit der Studentin in der Einliegerwohnung des Rentnerehepaares eskalierte und der wahre Sachverhalt ans Licht kam. Davon abgesehen hatte ein IT-forensisches Gutachten keinerlei Hinweise auf einen Hacker ergeben.

Es blieben also realistisch betrachtet nur die ersten drei Möglichkeiten.

Man hatte zunächst darüber nachgedacht, für jede einzelne Tat das Alibi von Vincent und Florian zu überprüfen. Dies gestaltete sich aber als wenig praktikabel. Die beiden Sonderlinge erwiesen sich als notorische Stubenhocker und waren Angaben der Nachbarn und Kommilitonen zufolge eigentlich selten anderswo als zu Hause anzutreffen. Dementsprechend ließen sich daraus keine hilfreichen Rückschlüsse auf den Täter ziehen. Doch wie konnte man dann bestimmen, wer von beiden der Schuldige war?

Bevor ich die wahren Umstände rund um diesen Fall

auflöse, lade ich Sie ein, mich bei folgenden Hypothesen zu begleiten und einfach kurz selbst den Richter zu spielen. Wie würden Sie entscheiden und Ihr Urteil begründen, wenn

- Florian gestehen würde, die Taten alleine begangen zu haben,
- Florian sich der Polizei offenbaren und behaupten würde, beide hätten die Taten gemeinschaftlich begangen (wohingegen Vincent vehement weiter seine Unschuld beteuerte),
- sich beide gegenseitig der Tat bezichtigen würden,
- beide konsequent schweigen und nichts aussagen würden?

Gehen wir es der Reihe nach an! In der ersten Variante behauptet Florian in seiner Vernehmung, er selbst sei alleine für alles verantwortlich. Er habe schon früh in seiner Kindheit bemerkt, dass irgendetwas mit ihm nicht stimme. Schon im Alter von sieben Jahren habe er angefangen, Insekten zu quälen, indem er zum Beispiel im Garten seiner Großmutter Marienkäfer gefangen, zwischen zwei Legosteine gelegt und zerquetscht habe. Mit 14 Jahren habe er immer dann, wenn seine Eltern außer Haus gewesen seien, ihren schon betagten Golden Retriever mit einem Hand-Elektroschocker gequält, den er in einem Military Shop mit seinem angesparten Taschengeld erworben habe. Nachts habe er dann an den jaulenden Hund gedacht und sich dabei selbst befriedigt. Nachdem er so zum Orgasmus gekommen sei, habe er immer besonders gut einschlafen können. Vor einem Jahr sei er dann über ein Internetportal für Sodomiten auf eine Frau aufmerksam geworden, die dort angeboten habe, gegen Bezahlung, nur mit einer ledernen Hundemaske bekleidet und ansonsten nackt, Hausbesuche zu machen, bei denen man sie auf allen vieren an einer Hundeleine herumführen, schlagen, treten oder bei entsprechendem Interesse auch in einen Zwinger sperren und aus einem Napf fressen lassen könne. Nach dem dritten oder vierten Besuch der besagten Dame sei ihm das aber zu langweilig geworden, und deshalb sei er auf die Idee mit den Stromversuchen gekommen. Da ihn einerseits Qualen andererseits aber auch weibliche Brüste extrem erregten, habe er sich die Geschichte von dem Schmerzforscher sowie den Selbstversuch mit den Stromstößen ausgedacht. Er habe sich zunächst auf der Internetseite der auf Schmerztherapie spezialisierten Uniklinik über die zuständigen Mediziner, die Öffnungszeiten etc. informiert, um sich dann auf einschlägigen Studentenportalen und in sozialen Netzwerken als eben jener Professor für Schmerztherapie auszugeben und mit einer unmoralisch hohen Aufwandsentschädigung um entsprechende Testkandidaten zu werben. Über den Andrang und die Resonanz sei er selbst total überrascht gewesen.

Auf die Frage der Polizei, wie er auf den »Versuchsaufbau« mit den Gabeln, dem Holzlöffel und den Kabeln gekommen sei, antwortet Florian, dass er aus seinem Physikkurs in der Schule noch vage in Erinnerung habe, dass man den Sicherungsschalter umgehen könne, wenn man den gelben Schutzleiter nicht erde, zum Beispiel indem man ihn um einen isolierenden Gegenstand wie etwa Holz wickelte. Denn ansonsten hätte es ja bei dem von ihm instruierten Selbstversuch immer nur einen kurzen Stromschlag gegeben, und die Sicherung wäre sofort herausgesprungen, er habe aber seine Opfer leiden sehen wollen. Damit ihn später niemand identifizieren könne, habe er stets geschrieben, dass er seine Kamera am PC nicht zum Laufen bekomme, dass sie defekt sei oder Ähnliches. Der im Wohnzimmer der WG sichergestellte Computer gehöre ihm. Vincent habe mit der Sache nichts zu tun und den Computer allenfalls sporadisch genutzt.

Nun wissen wir aus dem Kapitel 3 »Das Mords-Geständnis«, dass man auch ein Geständnis nicht ungeprüft und unkritisch hinnehmen sollte. Schließlich könnte Florian ja auch lügen, sei es, um Vincent zu schützen, sei es, weil er – im Gegensatz zu seinem Mitbewohner – von den knallharten Fragen der Vernehmungsbeamten eingeschüchtert wurde, sei es, weil er schlicht psychisch krank oder ein notorischer Wichtigtuer ist. Ein Verweis darauf, dass der Angeklagte geständig gewesen sei, genügt für eine Urteilsbegründung jedenfalls nicht. Das Gericht muss vielmehr stets untersuchen, ob das Geständnis in sich stimmig ist, ob es mit dem behaupteten Sachverhalt in Einklang zu bringen ist und ob es im Hinblick auf die sonstigen Beweisergebnisse Bedenken an seiner Glaubhaftigkeit gibt. Deshalb kann ein sogenanntes schlankes oder pauschales Geständnis, also ein bloßes inhaltsleeres Formalgeständnis, das nicht auf seine Richtigkeit überprüft werden kann, auch grundsätzlich keine alleinige Urteilsgrundlage bilden. Ist das Geständnis aber hinreichend qualifiziert, sodass es alle oben genannten Voraussetzungen erfüllt, besteht dafür kein Hindernis.

Letzteres dürfte auch für Florians Geständnis gelten, das durch Detailwissen, sehr ausgefallene Einzelheiten und sogenanntes Täterwissen überzeugt, also Zusammenhänge, die nur der Täter kennen kann, wie zum Beispiel, warum der gelbe Schutzleiter von den Opfern um den Holzlöffel gewickelt werden sollte und woher die Idee des ganzen »Versuchsaufbaus« letztlich stammte. Kurzum: Es bestehen keine sich aufdrängenden objektiven Zweifel an dem Geständnis, das neben der IP-Adresse und den 200 auf dem Computer aufgefundenen Chatverläufen und Videos noch zusätzlich für Florians Verurteilung sprechen würde.

In Bezug auf Vincent sähe es in dieser Konstellation aber wohl anders aus. Nachdem er zu den Vorwürfen schweigt (was juristisch gesehen genauso viel bedeutet, wie die Tat pauschal zu bestreiten) und nicht ausgeschlossen ist, dass Florian die Tat alleine begangen hat, wird man nicht mit der für eine Verurteilung notwendigen sicheren Wahrscheinlichkeit von Vincents Allein- oder Mittäterschaft ausgehen können. Die Hypothese vom Einzeltäter Florian wäre schlicht nicht zu widerlegen, zumal es keinerlei weitere Anhaltspunkte oder Indizien für eine wie auch immer geartete Tatbeteiligung Vincents gibt. Im Ergebnis könnte also nur Florian verurteilt werden, Vincent würde den Gerichtssaal wohl als freier Mann verlassen.

Doch was wäre, wenn Florian in seinem Geständnis nicht nur sich selbst, sondern auch Vincent belasten würde, dieser aber jegliche Tatbeteiligung vehement bestritte? Dann stünde es einmal mehr Aussage gegen Aussage, oder etwa nicht? Oder würden Sie womöglich einwenden, dass es doch neben den beiden einander widersprechenden Aussagen von Florian und Vincent noch zahlreiche weitere belastende Indizienbeweise gibt, auf die sich das Gericht bei seiner Entscheidungsfindung stützen kann?

Das trifft durchaus zu, allerdings lässt sich aus den vorliegenden Indizien ja lediglich folgern, dass entweder nur Florian, nur Vincent oder aber beide zusammen die Tat begangen haben. Die Beweislage steht somit der Unschuldsbeteuerung Vincents nicht entgegen. Juristisch problematisch ist an dieser Stelle viel eher etwas anderes. Die Ausgangslage einer Aussage-gegen-Aussage-Konstellation ist typischerweise eine belastende Aussage eines einzigen Zeugen gegen die bestreitende Aussage des Angeklagten. Doch Florian ist ja gerade kein Zeuge, sondern ein Mitangeklagter. Und ein Mitangeklagter, der der Einlassung des Angeklagten widerspricht, handelt nicht selten aus Eigeninteresse. Deshalb muss sich das Gericht bei der Beweiswürdigung seiner Verfahrensrolle und Verfahrensstellung wohl bewusst sein. In Fällen, bei denen entweder generelle Zweifel an der Glaubhaftigkeit einer belastenden Aussage anzumelden sind, weil zum Beispiel die Beweislage kritisch erscheint, verlangt die Rechtsprechung nämlich – in Abkehr von der absoluten Freiheit der richterlichen Beweiswürdigung – eine »besonders vorsichtige Beweiswürdigung«. Stehen der bestreitenden Einlassung des Angeklagten also die belastenden Angaben eines Mitangeklagten gegenüber, der wegen desselben Geschehens der Strafverfolgung ausgesetzt ist, muss das Gericht unbedingt naheliegende Motive einer möglichen Falschbeschuldigung und andere mögliche Beweiswertdefizite in die Würdigung seiner Aussage einbeziehen. Vorstellbar sind dabei etwa die Erwartung einer Milderung der eigenen Strafe, die Verdeckung der Tatbeteiligung eines Hintermanns oder Rache. Man denke in unserem Fall nur an den enormen Strafrabatt, den sich Florian durch sein Geständnis einerseits und die Belastung Vincents andererseits, etwa aufgrund der sogenannten Kronzeugenrolle, sichern könnte.

Nachdem Vincent einfach nur pauschal bestreitet und keine eigenen Angaben dazu macht, wie sich der Fall oder Florians Falschbeschuldigung aus seiner Sicht darstellen, verbliebe einem Richter hier nur die Möglichkeit, Florians Aussage genauestens auf etwaige Widersprüche, Details, Konstanz und ähnliche Kriterien einer besonderen Glaubhaftigkeit zu überprüfen (vgl. Kapitel 5 »Lügen haben schöne Beine«), um dann unter Berücksichtigung eines eventuellen Eigeninteresses Florians zu bewerten, ob er seiner Behauptung, dass Vincent ebenso tatbeteiligt war (= Mittäter) oder ihn zumindest bei der Tat unterstützt hat (= Beihilfe), Glauben schenkt. Man müsste sich als Richter in diesem Fall wohl vor allem auch die Entstehungsgeschichte von Florians Aussage ansehen. Denn wenn er in seiner ersten Vernehmung bei der Polizei ganz spontan ohne Nachfragen Vincent belastet hätte, wäre das anders zu bewerten, als wenn er sich an dessen Beteiligung erst dann erinnert hätte, nachdem man ihm seitens der Staatsanwaltschaft einen »Deal« angeboten hätte, beispielsweise ihm für seine »Aufklärungshilfe« bei der beantragten Strafe etwas entgegenzukommen.

Ist Letzteres auszuschließen, würde deutlich weniger für eine Falschbelastung Vincents und damit mehr für den Wahrheitsgehalt von Florians Einlassung sprechen. Trotzdem bleibt das Urteil ungewiss.

Und was, wenn Vincent einfach den Spieß umdreht und die beiden sich jetzt gegenseitig beschuldigen, die Tat begangen zu haben?

In dieser Variante des Geschehens sagt Vincent bei der Polizei aus, dass er schon immer gewusst habe, dass Florian nicht ganz »Schappi« sei. Schon die vielen Hundeleinen, Maulkörbe und der in seinem Zimmer stehende selbst gebaute Hundezwinger hätten ihn stutzig gemacht – zumal Florian gar keinen Hund besitze. Ihm sei außerdem aufgefallen, dass Florian in letzter Zeit erstaunlich oft an ihrem gemeinsam genutzten Computer im Wohnzimmer gesessen und sogar ein Video-Chat-Programm installiert habe, obwohl er mit Ausnahme dieser »Hunde-Frau«, die hin und wieder bei ihm zu Besuch gewesen sei und die er dann, nur mit einer ledernen Hundemaske bekleidet, an einer seiner Leinen durch die WG geführt habe, kaum je Kontakt zur Außenwelt gehabt habe. Einmal habe er selbst, Vincent, als er sich spätabends ein Bier aus der Küche habe holen wollen, im Vorbeigehen gesehen, wie Florian sich vor dem gemeinsamen Computer offensichtlich selbst befriedigt habe, während er gleichzeitig mit einer anderen Person gechattet habe. Dabei habe er seinem Chatpartner Anweisungen gegeben. Zumindest habe er gehört, wie Florian gesagt habe: »Bitte noch mal«, »Bitte länger dranhalten«, »Wie weh tut es Ihnen?« Mehr könne er zu der ganzen Geschichte auch nicht sagen, außer dass er mit den perversen Machenschaften seines WG-Kollegen nichts zu tun habe.

Wieder steht es also Aussage gegen Aussage – nur mit dem Unterschied, dass Vincent diesmal nicht schweigt, sondern recht ausführlich seine Version der Dinge schildert. Und damit hat der Richter einen Beweiswert mehr, den er seiner Beweiswürdigung zugrunde legen kann. Wie erinnern uns: »Sie haben das Recht zu schweigen. Alles, was Sie sagen, kann und wird vor Gericht gegen Sie verwendet werden.« Diese Aufklärungsformel der US-amerikanischen Ermittlungsbehörden, die sogenannte Miranda-Warnung, gilt in ähnlicher Form ebenso in Deutschland: Man muss nichts sagen, tut man es aber doch, steht es dem Richter grundsätzlich frei, welche Schlüsse er aus der Aussage zieht. Sie unterliegt dann der bereits bekannten freien richterlichen Beweiswürdigung.

Auch in dieser Variante wäre also wohl offen, wie ein Gericht urteilen würde. Beide Einlassungen der Angeklagten können schließlich zutreffen oder auch bloße Schutzbehauptungen sein. Es bliebe deshalb bei den für eine Aussage-gegen-Aussage-Situation entwickelten Grundsätzen, dass man die Glaubhaftigkeit der Aussage und Glaubwürdigkeit der Person bewertet, um dann zu einem Ergebnis in die ein oder andere Richtung zu kommen. Pro Vincent ließe sich etwa anführen, dass er sehr ausgefallene Details schildert, welche durchaus dafür sprechen könnten, dass alles so war, wie er behauptet. Es käme letztlich entscheidend auf die Aussage Florians an und darauf, was er über Vincents angebliche Tatbeteiligung zu berichten hätte. Und damit soll es an dieser Stelle sein Bewenden haben.

Denn tatsächlich entschieden sich Vincent und Florian für die letztgenannte Variante: Sie machten sowohl bei der Polizei als auch vor Gericht von ihrem Schweigerecht Gebrauch. »Nemo tenetur se ipsum accusare«: Niemand ist dazu verpflichtet, sich selbst zu bezichtigen oder aktiv an der Sachaufklärung mitzuwirken.

Nun wissen wir spätestens seit dem Kapitel 3 »Das Mords-Geständnis«, dass das Schweigen des Angeklagten nicht zu seinem Nachteil gewertet werden darf. Das Gericht darf deshalb seinen Motiven, die Aussage zu verweigern, nicht nachgehen, mögen sie auch noch so gegen ihn sprechen. Schließlich widerspräche es dem Sinn dieses Weigerungsrechts, wenn der Angeklagte die Prüfung und Bewertung der Gründe für sein Schweigen befürchten müsste und sich deshalb gezwungen sähe, sich zur Sache zu äußern, nur um zu verhindern, dass darin ein Eingeständnis seiner Schuld gesehen werden kann. Würden die Urteilsausführungen eines Richters erkennen lassen, dass er das Schweigen des Angeklagten als ein Verteidigungsmittel bewertet, dem etwas »Ungehöriges« anhaftet, so wäre dieses Urteil rechtsfehlerhaft und würde wohl sofort aufgehoben werden.

Dass das oft gehörte Argument, der schweigende Angeklagte sei ganz sicher »irgendwie schuldig«, weil ein »normaler« Mensch sich doch sofort rechtfertigen würde, würde er zu Unrecht beschuldigt oder gar angeklagt werden, häufig täuscht und es auch für einen zu 100 Prozent Unschuldigen sehr viele gute Gründe geben kann, bei der Polizei und vor Gericht besser zu schweigen, wird an anderer Stelle Thema sein. Hier soll jedoch ein weiterer ganz maßgeblicher Punkt erwähnt sein: die Problematik des sogenannten teilweisen Schweigens. Dies wäre der Fall, wenn Florian oder Vincent nur bestimmte Fragen der Polizei oder des Gerichts beantworten würden, andere wiederum nicht. Sobald ein Beschuldigter sich zum Tatvorwurf aber auch nur teilweise äußert, darf das Gericht sehr wohl nachteilige Schlüsse aus allem ziehen, was er nicht ausgesagt oder wozu er geschwiegen hat. Es kann (und wird!) dieses Teilschweigen bei seiner Beweiswürdigung berücksichtigen. Wer also auf die fragwürdige Belehrung eines Polizeibeamten, »Als Beschuldigter müssen Sie nichts sagen, aber wenn Sie nichts zu verbergen haben, können Sie doch ruhig mit uns reden«, aussagt, hat gelinde gesagt ein Problem. Denn wer sein Schweigerecht freiwillig aufgibt, kann es im Nachhinein nicht wieder in Anspruch nehmen – hier gilt: ganz oder gar nicht. Freilich könnte man entgegenhalten, dass auch die Motive für ein Teilschweigen vielfältig sein können – aber die höchstrichterliche Rechtsprechung ist da unerbittlich. Der sich nach Belehrung äußernde Angeklagte muss es sich gefallen lassen, dass fortan sein gesamtes Aussageverhalten in die umfassende freie richterliche Beweiswürdigung einbezogen wird. Schließlich war er in seiner Entscheidung ja frei – »Prinzip der Aussagefreiheit« nennt es der Jurist ganz trocken. Dies gilt übrigens grundsätzlich auch für nonverbales Verhalten (zum Beispiel abfälliges Lachen, Aufstöhnen, Handbewegungen), soweit es eindeutig und erheblich ist. Also Vorsicht!

Hätten Vincent und Florian ausgesagt, dass sie den Computer ausschließlich zum Zocken ihres Lieblingsspiels »Fiffis Welpengeburtstag« genutzt hätten, zu den weiteren Tatvorwürfen aber beharrlich geschwiegen, hätten sie vermutlich trotzdem ein Problem – zumindest dahingehend, dass ein Richter ihre Aussage als reine Schutzbehauptung und damit als völlig unglaubwürdig bewerten könnte. Womöglich würden die beiden sogar genau aufgrund dieser Aussage verurteilt werden, schließlich wäre damit klar, dass (nur) sie zwei regelmäßig an dem Computer saßen...

Hätten sie dagegen geäußert, dass sie unschuldig oder die Vorwürfe der größte »Bullshit« seien oder dass man schon aus Prinzip nicht mit Polizisten oder Richtern spreche, weil das gegen ihren Ehrenkodex verstoße, wäre dies unproblematisch als Schweigen zu werten, obwohl sie, ganz rabulistisch gesehen, ja dann eigentlich etwas gesagt hätten. Denn solche pauschalen Äußerungen sind objektiv betrachtet inhaltsleer und damit keine Teileinlassungen, an welche eine zulässige Verwertung des nachfolgenden Schweigens anknüpfen könnte. Wie beim vollständigen Schweigen gilt hier ein Verwertungsverbot.

Vincents und Florians Entscheidung, nichts zu sagen, schien also von allen vier denkbaren Möglichkeiten tatsächlich die prozessstrategisch beste Option zu sein. Dem Gericht blieb damit im Fall des 200-fachen versuchten Mordes durch »Stromtherapie« nichts anderes als ein Computer, von dem aus die Taten erwiesenermaßen begangen worden waren und der in der Wohnung von Florian und Vincent gefunden worden war. Wer dagegen für die Taten auf den Videos verantwortlich war, Florian, Vincent oder gar sie beide, war nicht abschließend zu klären – auch wenn ein unbekannter dritter Täter nahezu ausgeschlossen werden konnte.

Was also tun?

Was würden Sie als Richter tun?

Einfach beide verurteilen?

In der Schule macht man das ja schließlich auch so: Wenn der Lehrer kurz nach einer Rauferei zweier Klassenkameraden die berühmte Frage stellt, wer von beiden angefangen habe, und beide nur bedächtig auf den Boden starren, dann müssen halt beide nachsitzen. Aber kann man das auch in einem Rechtsstaat machen? Schließlich geht es im Fall von Florian und Vincent nicht um ein bisschen Nachsitzen, sondern um langjährige Freiheitsstrafen bis hin zu »lebenslänglich«. Und immerhin wäre es ja durchaus denkbar, dass wirklich nur einer der beiden der perverse »Strommann« ist und der andere unschuldig.

Wir erinnern uns: Eine Verurteilung darf nur aufgrund eines zur vollen Überzeugung des Gerichts festgestellten Sachverhalts erfolgen. Letztlich muss der Richter aus dem ihm vorliegenden Beweismaterial konkrete Gründe dafür gewinnen, dass die Anklagehypothese des Staatsanwalts zutrifft, und Gegengründe ausschließen, mit denen sich eine andere Hypothese belegen ließe. Letzteres impliziert aber auch, dass konkret in Betracht kommende Gegenhypothesen überhaupt überprüft und gegebenenfalls mit nachvollziehbarer Begründung abgelehnt werden können. Nur dann kann das Gericht rechtsfehlerfrei zu einer Verurteilung gelangen. Bleibt die Anklagehypothese unbelegt oder wird eine Gegenhypothese nach der objektiven Beweislage nicht widerlegt, darf mangels ausreichender Feststellung von Unrecht und Schuld auch nicht verurteilt werden.

Klingt alles irgendwie fair und logisch. Aber was heißt das jetzt konkret für die beiden schweigenden Angeklagten Vincent und Florian? Schließlich spricht doch alles dafür, dass einer der beiden der Täter ist – wenn nicht sogar alle beide. Wendet man allerdings die oben beschriebenen Grundsätze ordnungsgemäß an, wird man sich folgende Fragen stellen müssen: Kann man sich sicher sein, dass es allein der auf Leinen- und Hundemaskenfetisch stehende Florian war, der die arglosen Frauen zu den lebensgefährlichen Selbstversuchen getrieben hat? Kann man die Gegenhypothese ausschließen, dass es doch der harmlos erscheinende Vincent war, der sich als »Schmerztherapeut« ausgegeben hat? Oder sind das alles nur theoretische Möglichkeiten, die abseits jeglicher Lebenserfahrung liegen? Ist womöglich anhand der aufgefundenen Videos am gemeinsamen Computer im Wohnzimmer eindeutig festgestellt, dass beide zusammen die Tat begangen haben müssen?

Jedenfalls sind das die entscheidenden Fragen, die sich ein Richter stellen muss. Und so sehr es einem auch widerstreben mag, man wird all diese Fragen am Ende mit Nein beantworten müssen. Schließlich ist es keine bloß theoretische Möglichkeit, dass nur einer von beiden der Täter ist, sondern es bestehen reale Anhaltspunkte dafür: Der Computer stand im Wohnzimmer und nicht etwa in einem der beiden Zimmer der Angeklagten. Beide hatten ungehinderten Zugriff auf das Gerät, und trotz aller Bemühungen konnte man die Chats und Videos weder Vincent noch Florian eindeutig zuordnen. Anhand der aufgefundenen Videos kann man eben noch keine belastbaren Rückschlüsse darauf ziehen, wer von beiden diese erstellt und dort abgespeichert hat. Vincent und Florian kommen beide gleichermaßen als »Schmerztherapeut« in Betracht.

Können aber trotz Ausschöpfung aller verfügbaren Beweismittel und Indizien keine sicheren Feststellungen zu Einzelheiten des Geschehens getroffen werden, so darf sich dies nicht zulasten des Angeklagten auswirken. In einem Rechtsstaat darf sich der Richter nicht mit dem ersten Anschein begnügen und damit, dass der Angeklagte der Lebenserfahrung nach (sehr) wahrscheinlich schuldig ist. Es ist dann vielmehr von der für den Angeklagten günstigsten Möglichkeit auszugehen, die nach den gesamten Umständen in Betracht kommt – im Zweifel *für* den Angeklagten.

Für Vincent bedeutet die günstigste Möglichkeit, dass Florian der alleinige Täter ist. In diesem Fall muss Vincent logischerweise freigesprochen werden.

Für Florian ist wiederum die günstigste Möglichkeit, dass Vincent der alleinige Täter ist. In diesem Fall muss notwendigerweise Florian freigesprochen werden.

Wenn aber beide schweigen und sich die für den jeweils anderen günstigste Variante nicht widerlegen lässt, kann auch keiner der beiden Angeklagten verurteilt werden.

So war es dann auch. Sowohl Vincent als auch Florian wurden freigesprochen.

LÜGEN HABEN SCHÖNE BEINE

»Ich war mit einer Freundin nach der Arbeit noch etwas trinken. Wir waren in dem Lokal ›Prinz Myshkin‹, und ich hatte mir eine Weinschorle bestellt. Während ich mit ihr über Gott und die Welt quatschte, fiel mir ein groß gewachsener Mann in einem braunen Cordanzug mit schwarzem Rollkragenpulli *gefühls- bzw. gemütsmäßige Emotion* und einer ziemlich protzigen Rolex an der Bar auf, der immer wieder zu unserem Tisch hinübersah und, wenn sich unsere Blicke kurz trafen, mich nett anlächelte. Er war eigentlich überhaupt nicht mein Typ, aber irgendwie fand ich süß, dass er sich wirklich Mühe gab. Ich mag es, wenn ein Mann selbstbewusst flirtet, aber dabei höflich bleibt. Wie sagt man? Ein Kavalier der alten Schule.

Deshalb wollte ich auch das Getränk, das mir der Kellner unaufgefordert mit einem Gruß von *inhaltliche Verschachtelungen* dem Mann an der Bar brachte, nicht ablehnen. Wir kicherten, ich prostete ihm kurz mit einem Lächeln zu und schenkte ihm dann keine Beachtung mehr, was er auch akzeptierte. Stattdessen unterhielt ich mich weiter mit meiner Freundin. Irgendwann kam dann ihr Verlobter Ali und meinte, dass es jetzt Zeit für sie sei, nach Hause zu gehen. Ali ist ziemlich eifersüchtig und mag es nicht so gern, wenn meine Freundin abends ausgeht – schon gar nicht ohne ihn.

Ali fragte mich, ob er mich mitnehmen und zu Hause absetzen solle, aber es war noch gar nicht spät, vielleicht so 9 Uhr, und allein zu Hause an einem Freitagabend fand ich dann doch irgendwie langweilig. Ich ent-

eigenpsychische Vorgänge

schied mich, noch ein bisschen zu bleiben, überlegte auch durchaus, mich mit dem Mann an der Bar zu unterhalten, wer weiß, dachte ich mir, vielleicht wird es ja ein ganz unterhaltsamer Flirt. Und wenn nicht, hätte ich immer noch weiterziehen können. Als meine Freundin und ihr Verlobter gegangen waren, setzte ich mich an die Bar, aber nicht direkt neben den Mann, sondern ein Stück weit weg, ich wollte nicht aufdringlich erscheinen. Ich habe aber schon gehofft, dass er mich anspricht.

Ich habe mir dann noch eine Weinschorle bestellt, und nach circa fünf Minuten stand der Mann auf und setzte

Schilderung eigener Vorwürfe

sich zu mir. In dem Moment habe ich auch erst so richtig bemerkt, wie groß er war, er erschien mir fast doppelt so groß wie ich. Ich schätzte ihn auf etwa 40 Jahre, er hatte kurze dunkle Haare, einen dunklen Teint und zu diesem Zeitpunkt noch ein wirklich charmantes Lächeln. Ich fand auch seinen Spruch ziemlich originell: »Wenn ich mich zu dir setzen darf, dann lächle kurz!« Er war, anders als von mir befürchtet, trotz der protzigen Uhr überhaupt nicht oberflächlich, und sein Verhalten wirkte auch nicht aufgesetzt. Im Gegenteil, er war ein echt guter Gesprächspartner und ziemlich unterhaltsam. Vielleicht ein bisschen aufdringlich. Er hat schon nach relativ kurzer Zeit immer wieder seine Hand auf meinen Oberschenkel gelegt, und als wir dann mal kurz zusammen vor die Tür gegangen sind, um eine zu rauchen, hat er gleich den Arm um mich geschlungen. Ich gebe zu, dass mir das nicht unangenehm war, wenngleich es bestimmt ein komisches Bild gewesen sein muss, dieser 2-Meter-Mann neben mir mit meinen gerade einmal 1,50 Meter. Im Nachhinein betrachtet, war das alles vermutlich auch mein Fehler. Ich hätte ihm schon da klare Grenzen aufzeigen sollen. Vielleicht habe ich ihm auch falsche Hoffnungen gemacht.

Aber eigentlich war es zuerst wirklich ein lustiger Abend. Wir haben uns bestimmt noch zwei, drei Stunden an der Bar unterhalten, viel gelacht, und ich hatte eine echt gute Zeit. Gegen Mitternacht meinte dann der Barkeeper in so einem komischen Akzent – ich glaube, er war Schweizer –, dass sie jetzt schließen würden. Stephan – so hatte der Mann sich mir vorgestellt – fragte mich beim *Schilderung von inneren psychischen Vorgängen*

Verlassen des Lokals, wie ich heimkommen würde und ob er mich nach Hause bringen solle. Ich weiß noch ganz genau, dass ich in dem Moment kurz gezögert habe, weil ich ihm wirklich keine falschen Hoffnungen machen wollte. Ich glaube, das hat er gemerkt, denn er sagte dann gleich, dass er morgen früh rausmüsse, mich aber jetzt um diese Uhrzeit nicht alleine nach Hause gehen lassen wolle. Er war immer noch sehr charmant, und ich habe ihm das wirklich geglaubt, auch, dass er am nächsten Morgen früh aufstehen musste. Das hat mich ehrlicherweise sogar beruhigt, denn Sex hätte ich auf keinen

Fall mit ihm haben wollen, zumal ich noch meine Periode hatte. Und im Dunkeln so ganz alleine nach Hause gehen war tatsächlich ein bisschen spooky.

Ich hakte mich also bei ihm unter, und wir schlenderten in Richtung meiner Wohnung, die etwa 15 Minuten zu Fuß von dem Lokal entfernt ist. Es war ein netter Spaziergang, und dadurch, dass ich meinen Arm bei ihm eingehängt hatte, konnte er auch nichts anderes mit seiner Hand tun, denn ich merkte schon, dass er mich lieber enger an sich gezogen hätte. Ich überlegte noch, dass ich ihm definitiv meine Telefonnummer geben würde, sollte er danach fragen. Ihn noch mal zu treffen, konnte ich mir gut vorstellen. Als wir dann an meiner Haustür ankamen, stellte er mir auch tatsächlich eine Frage. Allerdings nicht nach meiner Telefonnummer, sondern ob er ganz kurz meine Toilette benutzen dürfe. Sie werden jetzt wahrscheinlich denken, wie naiv und dumm muss ich eigentlich gewesen sein, dass ich ihm das geglaubt habe? Aber es kam in dem Moment wirklich ehrlich rüber. Er meinte sogar noch, dass ihm das jetzt total peinlich sei und dass er eigentlich in der Bar schon längst hatte aufs Klo gehen wollen, er mich dort aber nicht alleine lassen wollte. Was hätte ich denn tun sollen? Ich konnte ja kaum Nein sagen.

Ich habe ihn dann mit in meine Wohnung genommen und ihm das Bad gezeigt. Es ist nur ein kleines Einzimmerapartment, was mir obendrein unangenehm war, weil er damit ja sofort in meinem Wohn- und Schlafzimmer stand, als er reinkam. Ich hatte auch meine Schlafcouch gar nicht zusammengeklappt –

schließlich hatte ich keinen Besuch erwartet. Ich fand das total intim, dass er das jetzt alles gesehen hatte.

Schilderung ausgefallener Einzelheiten

Ehrlicherweise habe ich nur gehofft, dass er jetzt ganz schnell wieder gehen würde, und wollte einfach nur ins Bett und schlafen. Es war ja ein langer Tag gewesen. Als er nach einer gefühlten Ewigkeit endlich aus dem Bad kam, ging irgendwie alles so schnell. Ich wollte zuerst meinen Augen gar nicht trauen, denn er war komplett nackt.

Schilderung enthält wörtliche Zitate

Ich hätte nicht mal was sagen können, wenn ich gewollt hätte. Das war so surreal. Er kam direkt auf mich zu, stieß mich aufs Bett und meinte: ›Den ganzen Abend hab ich mich auf genau diesen Moment gefreut.‹

Ich war völlig perplex und total überrumpelt, ich weiß gar nicht, ob ich mich in dem Moment überhaupt gewehrt habe. Ich konnte erst mal gar nicht klar denken.

Eingestehen von Erinnerungslücken

Schilderung von eigenen Emotionen

Dann dachte ich mir: Was für ein Arschloch! Den ganzen Abend tut er so charmant, und in Wirklichkeit hat er nur das eine im Kopf. Typisch Mann.

Dabei hätte ich in dem Moment an ganz was anderes denken sollen, zum Beispiel wie ich den 2-Meter-Mann von mir runterbekomme. Aber ich hatte keine Chance. Zuerst hat er ständig versucht, mich zu küssen, obwohl ich meinen Kopf hin- und hergedreht habe. Ich habe ihm gesagt, dass er aufhören soll, aber er war wie ein triebgesteuertes wildes Tier.

phänomengemäße Schilderung

Dann habe ich gespürt, wie er sich unter meinem Kleid an meinem Slip zu schaffen machte. Ich konnte es

Wiedergabe von
Gesprächen

nicht glauben. Er wollte das wirklich durchziehen, obwohl ich ihm gesagt hatte, dass er aufhören soll.

Jetzt war für mich definitiv die Grenze überschritten. Ich habe es dann in ruhigem und ernstem Ton versucht und gesagt: ›Stephan, ich will das nicht. Du bist zu weit gegangen. Bitte zieh dich an und geh jetzt!‹ Alles, was er darauf geantwortet hat, war: ›Hab dich nicht so, du willst es doch auch!‹

Ich musste plötzlich an meine Mutter denken, wie sie mich als Teenager immer vor Männern gewarnt hat. Ich

unstrukturierte
Darstellung,
sprunghaft
erzählt

erinnerte mich, wie sie mir als damals 16-Jährige vor meinem ersten Clubbesuch einbläute, dass ich bloß mit keinem Typen nach Hause gehen dürfe. Wenn ich das doch nur auch an diesem Tag beherzigt hätte! Ich weiß auch nicht, warum mir das gerade jetzt durch den Kopf ging, aber ich fühlte mich einfach so hilflos.

Meinen Slip hat er nicht runterbekommen. Ich habe mich geweigert, meine Beine zu schließen, sodass er ihn

Schilderung von
wörtlich Wieder-
gegebenem

nicht einfach runterziehen konnte. Er hat versucht, ihn grob runterzureißen, aber das hat er nicht geschafft. Ich hatte Angst, dass der Stoff reißt, aber er hat gehalten. Nach einer gefühlten Ewigkeit hat er aufgegeben. Stattdessen ist er dann mit seinen Fingern von der Seite in meinen Slip gefahren und hat angefangen, meine Schamlippen zu massieren. Er hat dabei echt komische Laute von sich gegeben. So habe ich einen Mann noch nie stöhnen hören. Es waren total übertrieben klingende »Mm«- und »Ah«-Geräusche. Klang fast so, als würde er jemanden nachäffen.

Dann hat er einen Finger – vielleicht waren es auch

zwei, ich weiß es nicht – in meine Vagina geschoben. Erst da habe ich mich wieder dran erinnert, dass ich meine Tage habe, und war überzeugt, wenn ich ihm das sage, lässt er mich endlich in Ruhe. Ich habe auch schon gespürt, dass er das Bändchen meines Tampons entdeckt hatte, weil er mit seinen Fingern so daran rumzwirbelte – anders kann ich das nicht beschreiben. Ich dachte mir, wenigstens kann er wegen dem Tampon seine Scheißfinger nicht so weit in mich reinstecken.

Unterbrechung des Handlungsablaufes

Aber das störte dieses Schwein alles überhaupt nicht. Vermutlich darf ich ihm noch nicht mal einen Vorwurf machen. Ich hätte mich viel mehr wehren müssen. Und wirklich laut geschrien habe ich auch nicht. Ich wollte ja meine Vermieterin von nebenan nicht wecken. Was hätte die denn von mir gedacht, wenn sie mitbekommen hätte, dass ich einen wildfremden Mann mit in meine Wohnung genommen hatte. Vermutlich: Selbst schuld, dieses Flittchen, oder so.

Schilderung belastet das Opfer

Der Typ war aber auch echt schmerzfrei. Das mit meiner Periode schien ihn nur noch mehr anzuturnen. Er hat mir den Tampon einfach aus der Scheide gezogen. Ohne Vorwarnung. Und dann hat er sich das Ding tatsächlich an die Nase gehalten und dran gerochen. Er hat richtig tief eingeatmet und beim Ausatmen gesagt: O wie geil du riechst. Ich war total fassungslos.

ausgefallene, originelle Einzelheiten

Dann hat er den Tampon auf den Boden geworfen und ist in mich eingedrungen. Ich dumme Kuh habe es ihm auch noch richtig leicht gemacht, weil ich ja meine Beine absichtlich gespreizt hatte, damit er mein Höschen nicht herunterziehen konnte. Aber er hat es einfach zur Seite geschoben und ist mit seinem Penis am Slip vorbei direkt in meine Vagina. Ich konnte mich auch nicht unter ihm herauswinden, weil er so schwer und so stark war. Während er mich in der Missionarsstellung vergewaltigt hat, hat er ständig weiter versucht, mich zu küssen. Ich habe aber meine Lippen ganz fest zusammengepresst und den Kopf zur Seite gedreht. Doch das war ihm egal, es schien ihn nur noch mehr zu erregen. Er hat dann mit einer seiner beiden Hände von oben in meinen Ausschnitt gefasst, direkt in den BH hinein, und meine Brust herausgeholt. Ich glaube, es war die rechte. Aber vielleicht war es auch die linke. Das hat echt wehgetan, denn die sind ja nicht so groß, und er hat richtig daran gezogen, um sie aus dem BH zu bekommen. Ich habe gemerkt, wie seine Stoßbewegungen und seine Atmung immer heftiger wurden. Ich dachte mir, dass er jetzt gleich kommen würde. Ich habe es sogar gehofft, ich habe mir so sehr gewünscht, dass alles endlich ein Ende hat.

Schließlich war auch schon mein Bein fast taub. Der Typ war einfach so krass schwer, es kribbelte richtig schmerzhaft in meinem Oberschenkel.

Ich glaube, ich habe mehrfach ›Aua‹ und ›Geh bitte runter‹ gesagt. Eigentlich geil, dass ich ihn sogar noch nett gebeten habe. Vielleicht hat er es aber auch einfach nicht gehört. Besonders unangenehm war mir, dass ich durch die Aufregung richtig nass geschwitzt war. Vielleicht dachte er, dass es mir am Ende doch gefällt, ich weiß es

quantitativer Detailreichtum

anschauliche Schilderung von Körperempfindungen

Schilderung entlastet den Täter

nicht. Für mich war dieses Gefühl, keine Kontrolle über den eigenen Körper zu haben, das Schlimmste. Fast schlimmer als die eigentliche Vergewaltigung.

Ich weiß ehrlicherweise jetzt gar nicht mehr, wie es dann weiterging, nachdem er abgespritzt hatte. In meiner Erinnerung ist er einfach aufgestanden und weg. Aber er musste sich ja noch seine Klamotten anziehen, irgendwann muss er das ja noch gemacht haben, aber fragen Sie mich bitte nicht, wann und wie. Ich glaube, *schlechtere Erinnerung von Einzelheiten des Randgeschehens* ich lag einfach nur so da und hatte immer noch nicht richtig verstanden, was da gerade passiert war.

Ich weiß nur noch, dass ich sofort aufgesprungen und unter die Dusche gegangen bin, als ich gehört habe, wie die Wohnungstür hinter ihm ins Schloss fiel. *deliktspezifische Aussageelemente* Ich blieb da eine halbe Ewigkeit. Ich fühlte mich einfach nur schmutzig. Deshalb habe ich auch sofort das Bett abgezogen und das Bettzeug – noch in meinem Bademantel – direkt zum Müll gebracht. Sogar die Armaturen am Waschbecken im Badezimmer habe ich gründlich geputzt, falls er die auch angefasst hatte. Ich wollte diesen Menschen einfach nur aus meinem Leben löschen. Nichts sollte mich je wieder an ihn erinnern.

Danach habe ich mir einen Tee gemacht *Erzählen von Nebensächlichem* und einfach nur stundenlang aus dem Fenster gestarrt und nachgedacht, wie das alles so weit hatte kommen können. Ich wollte unbedingt wach bleiben, weil ich Angst hatte, dass er noch mal zurückkommen würde. Ich habe auch die Haustür zweimal abgesperrt, was ich sonst nie mache.

Berichtigungen und Präzisierungen der Aussage

Jetzt fällt mir ein, dass er noch auf den Balkon raus ist, um eine zu rauchen, bevor er gegangen ist. Ich habe mir noch gedacht: Der hat echt die Ruhe weg. Erst vergewaltigt er mich und dann raucht er die berühmte Zigarette danach!

Und noch was fällt mir gerade ein: Kurz bevor er zum Orgasmus kam, hat er mir einen Finger in den Po gesteckt. Richtig tief sogar. Das hat auch noch nie jemand bei mir gemacht. Der Typ war echt schmerzfrei.«

nachträgliche – stimmige – Ergänzungen in der Schilderung

Eine rücksichtslose, brutale Vergewaltigung, ohne Frage. Offensichtlich handelt es sich bei diesen Schilderungen um die Aussage des Opfers – einer Frau aus Baden-Württemberg, die zwei Tage nach dem geschilderten Vorfall Anzeige bei der Polizei erstattete. Aber Sie werden sich jetzt vermutlich fragen, was das für dubiose Anmerkungen sind. Nun, ich will Sie nicht unnötig auf die Folter spannen: Sie stammen von dem ermittelnden Staatsanwalt, dem dieser Fall noch lange Zeit in Erinnerung bleiben sollte. Dies lag aber nicht etwa daran, dass die Tat so außergewöhnlich gewesen wäre oder der Täter nicht hätte ermittelt werden können. Es dauerte keine zwei Tage, bis Stephan – der tatsächlich seinen wirklichen Namen genannt hatte – in Untersuchungshaft saß. Nein, denkwürdig war der Fall für den Staatsanwalt wegen seines unerwarteten Ausgangs, doch dazu später mehr.

Zunächst schien es sich um einen Fall wie viele andere zu handeln, auch die Ermittlungen liefen wie sonst üblich ab. Unmittelbar nachdem die kleine, zierliche Frau Anzeige erstattet hatte, wurde ihre Aussage aufgenommen, der Tatort untersucht und sie zur körperlichen Spurensicherung zur gerichtsmedizinischen Ambulanz gebracht. Zwischenzeitlich befragten Beamte den Schweizer Barkeeper aus der erwähnten Bar und ließen sich eine genaue Personenbeschreibung Stephans geben, den der Barkeeper bis zu besagtem Abend zwar noch nie gesehen hatte, an den er sich aber gut erinnern konnte. Diese wurde dann wiederum mit der Beschreibung der jungen Frau abgeglichen, und anhand der übereinstimmenden Angaben wurde ein Phantombild erstellt, das der Lokalpresse im Rahmen der Öffentlichkeitsfahndung weitergeleitet wurde. Mit Erfolg. Einen Tag später betrat Stephan in Begleitung seines Anwalts die zuständige Kriminalpolizeidienststelle und stellte sich – die Ähnlichkeit mit dem Fahndungsbild war frappierend. Er bestritt allerdings, mit der Tat irgendetwas zu tun zu haben. Ansonsten hüllte er sich in Schweigen.

Die Presse berichtete ausgiebig über den brutalen Sextäter und den grandiosen Fahndungserfolg der Polizei. Abgesehen davon sollte sich aber so bald kein weiterer Ermittlungserfolg einstellen: Bei der gynäkologischen Untersuchung am Institut für Rechtsmedizin konnten keine indiziellen Spuren festgestellt werden, die nicht auch mit einem freiwilligen Geschlechtsverkehr in Einklang zu bringen gewesen wären. Die untersuchende Rechtsmedizinerin kommentierte dies mit dem trockenen Hinweis, dass eine Vagina nun mal für Geschlechtsverkehr gemacht sei und kleinere Fissuren in diesem Bereich bei jeder Art von Sex zu erwarten seien, ob nun einvernehmlich oder nicht. Auch dies ist nicht ungewöhnlich, sondern bei Sexualdelikten tatsächlich fast immer so. Der überwiegende Teil der echten oder vermeintlichen Opfer von Vergewaltigung oder sexuellem Missbrauch weist körperliche Normalbefunde auf, weil die meisten sexuellen Handlungen in der Regel keine körperlich fassbaren Spuren hinterlassen. Und liegt dennoch einmal ein positiver Nachweis sexuellen Kontakts vor, so beinhaltet das nicht zwangsläufig den Nachweis einer Straftat, da der Kontakt ja auch einvernehmlich stattgefunden haben kann. In diesem Fall wurden noch nicht einmal Epithelzellen von Stephans Penis oder Spermaspuren festgestellt, was allerdings ebenfalls kaum verwunderlich war, schließlich hatte das Opfer ausgesagt, sich unmittelbar nach der Tat ausgiebig und sehr gründlich gewaschen zu haben. Und irgendwelche Sachspuren, die auf Stephan als Täter hindeuteten, zum Beispiel an dem Höschen, dem Kleid oder der Bettwäsche, konnten ebenfalls nicht sichergestellt werden – das Opfer hatte ja alles sofort entsorgt, um mit der Tat nicht weiter konfrontiert zu werden.

Es gab also einmal mehr nur die Aussage des Opfers als einzig möglichen Beweis. Und weil Stephan zu den Vorwürfen schwieg, waren es letztlich vier mögliche Varianten, die in Betracht kamen:

- Stephan war vollständig unschuldig, weil die komplette Tatsituation als solche niemals stattgefunden hatte. Es war nie zum Sex gekommen, die Anzeigenerstatterin hatte gelogen. Er war also das Opfer einer bösartigen Intrige. Solche Fälle waren nach

Erfahrung des Staatsanwaltes sehr selten und noch viel seltener zu beweisen. Auch gab es hierfür aus seiner Sicht keinerlei Anhaltspunkte.

- Stephan war unschuldig, weil es zwar zum Sex gekommen war, dieser aber ganz klar einvernehmlich stattgefunden hatte. Die Anzeigenerstatterin hatte also hinsichtlich der Einvernehmlichkeit die Unwahrheit gesagt – warum auch immer. Solche Fälle kamen nach Erfahrung des Staatsanwaltes gar nicht so selten vor, meistens hatten die vermeintlichen Geschädigten dann aber ein erkennbares Motiv wie Scham, Reue oder Rache, oder aber sie waren psychisch oder psychiatrisch auffällig. Auch hierfür gab es aus Sicht des Staatsanwaltes keinerlei Anhaltspunkte.

- Stephan war unschuldig, weil der Sex seitens der Anzeigenerstatterin zwar objektiv ungewollt gewesen war, er dies aber subjektiv gar nicht erkannt hatte, weil das Opfer seinen entgegenstehenden Willen nicht klar geäußert hatte. Auch diese Variante war nach Erfahrung des Staatsanwaltes nicht selten.

- Allerdings gab es ja auch noch die Variante, dass Stephan die brutale Tat genau so begangen hatte, wie es von der Zeugin geschildert worden war. Doch diese Variante durfte der Staatsanwalt Stephan nicht blindlings unterstellen, zumindest nicht aufgrund von Stephans Schweigen. Sie erinnern sich – aus dem Schweigen dürfen keine nachteiligen Schlüsse gezogen werden.

Alle vier Varianten waren schlüssig, keine davon widersprüchlich oder mit der allgemeinen Lebenserfahrung unvereinbar. Die ersten beiden Varianten waren zwar aus Sicht des Staatsanwaltes ziemlich unwahrscheinlich, zumal für ihn keinerlei Indizien für eine Falschbelastung erkennbar waren, aber eben trotzdem nicht auszuschließen. Die beiden anderen Varianten erschienen ihm schon wahrscheinlicher, insbesondere die Variante, dass Stephan doch der Täter war. Aber letztlich kam es nicht darauf an, was der Staatsanwalt persönlich für wahrscheinlich hielt. Es kam darauf an, ob er die schriftlich protokollierte Aussage der Zeugin für glaubhaft genug hielt, um allein darauf mit hoher Wahrscheinlichkeit eine gerichtliche Verurteilung stützen zu können.

Eine schwierige Entscheidung, schließlich dürfen für eine strafrechtliche Verurteilung keine vernünftigen Zweifel mehr an der Schuld des Täters verbleiben.

Diese Problematik wird noch dadurch potenziert, dass jeder Mensch natürlichen psychologischen Beeinflussungen unterliegt, aufgrund derer sich seine Überzeugung in die eine oder andere Richtung verschiebt, ohne dass dies auf objektive Anhaltspunkte zurückzuführen wäre. So ist zum Beispiel sehr häufig zu beobachten, dass Personen, die als Opfer auftreten, auch als solche wahrgenommen werden und umgekehrt Personen in der Rolle des Beschuldigten entsprechend eingeordnet werden. Bestes Beispiel ist der Fall des ehemaligen Wettermoderators Jörg Kachelmann. Obwohl er freigesprochen wurde und mittlerweile anhand von Sachbeweisen sogar festgestellt werden konnte, dass er definitiv unschuldig war, ist weiterhin bei fast jedem, den ich auf den Fall anspreche, allein deshalb, weil er als mutmaßlicher Täter auf der Anklagebank saß, gedanklich abgespeichert, dass da »schon irgendetwas dran gewesen sein muss«, sonst wäre er ja nicht angeklagt gewesen. Die bloße Anklage macht ihn in den Augen vieler also nach wie vor schuldig.

Und Richter sind auch nur Menschen. Sie unterliegen denselben subjektiven Vorurteilen und psychologischen Effekten wie Sie und ich, wenn nicht sogar noch schlimmer. Denn Strafrichter haben ja jeden Tag von Berufs wegen mit Angeklagten zu tun, die beteuern, unschuldig zu sein, dann aber durch andere Beweise doch noch eindeutig überführt werden. Die Verurteilungsquote in Deutschland liegt schließlich bei weit über 90 Prozent! Das führt dazu, dass erfahrene Richter das Vorbringen eines unschuldigen Angeklagten, der die ihm vorgeworfene Tat zu Recht leugnet, zunächst meist als Schutzbehauptung abtun. Je länger der Richter »im Geschäft ist«, desto sicherer entwickelt er eigene Persönlichkeitstheorien, die auf Erfahrungen, Meinungen und gesellschaftlichen Konventionen, damit letztlich auf nichts anderem als einem Sammelsurium aus eigenen Erlebnissen, groben Verallgemeinerungen und Vorurteilen beruhen, die teils richtig, aber teils eben auch falsch sind.

Nicht einmal Richter können sich also bedenkenlos auf ihre Urteilskraft verlassen. Wie lässt sich unter diesen Umständen dann aber die Glaubwürdigkeit einer Zeugenaussage objektiv und verlässlich bewerten? Auf was achten wir, wenn wir nicht wissen, ob uns jemand gerade anlügt oder nicht? Richtig! Auf körperliche Symptome! Psychologen sprechen hierbei vom sogenannten »Pinocchio-Effekt«. Sie erinnern sich, die Holzpuppe, die beim Lügen eine lange Nase bekam. In Ermangelung handfester Kriterien zur Wahrheitsfindung suchen wir einfach nach anderen Anhaltspunkten, anhand derer wir uns unsere Meinung bilden – denken Sie nur an das fürchterliche Weinen des mutmaßlichen Opfers im ersten Kapitel »Tränen lügen nicht«. Es wird häufig angenommen, dass Lügner aus Angst vor Entdeckung nervös reagieren und ihre Erregung in einer Reihe von körperlichen Symptomen oder Verhaltensauffälligkeiten zeigen, wie beispielsweise der Vermeidung von Blickkontakt, vermehrten Hand-, Bein-, Fuß- und anderen Körperbewegungen oder Angstschweiß. Solche Überlegungen sind nicht neu. Im Orient gab man früher Menschen, über deren Schuld oder Unschuld geurteilt werden sollte, trockenen Reis zum Kauen. Hatte der Verdächtige beim Ausspucken der zerkauten Reiskörner Probleme, weil der Reis seinen gesamten Speichel aufgesogen hatte, so galt er als überführt.

Doch was, wenn einem die Spucke nur deshalb wegbleibt, weil man völlig perplex ist, unschuldig verdächtigt zu werden? Wenn der Schweiß gerade nicht aus Angst, als Täter überführt zu werden, aus allen Poren tropft, sondern weil man zwei bulligen Polizeibeamten gegenübersitzt, die einem gehörig Angst machen? Körperliche Reaktionen dieser Art sind nämlich keine Anzeichen für eine Lüge, sondern allenfalls für Stress. Und ja, wer lügt, hat Stress, aber wer in falschen Verdacht gerät, hat auch Stress. Und deshalb ist sich die Wissenschaft einig, dass es keine spezifischen physiologischen Anzeichen für Täterschaft oder für Lüge gibt. Das hat man selbst in den USA erkannt, wo die Erfindung des Jahrhunderts, der sogenannte Lügendetektor, nicht als Beweis vor Gericht zugelassen ist. Denn auf die wenigen Zusammenhänge zwischen einer Täuschung und den mittels des Detektors ausgewerteten körperlichen Reaktionen, die sich überhaupt als signifikant erwiesen haben, könnte man keine objektive Beweiswürdigung stützen.

Damit bleibt uns zur Beurteilung des Wahrheitsgehalts einer Zeugenaussage noch die Frage nach den Motiven beziehungsweise der abgedroschene Satz: »Warum sollte ein Opfer lügen?«

»Weil es kann.« Dies würde ich jedem Richter entgegnen, der mir diese Frage stellt – wobei ich einen solchen Richter wohl zusätzlich sofort als befangen einstufen würde, schließlich kann er ja erst nach Abschluss seiner Beweiswürdigung wissen, ob das Opfer auch wirklich ein Opfer ist.

Dass Zeugen – und insbesondere die sogenannten Opferzeugen – manchmal lügen, bis sich die Balken biegen, beweisen nicht nur prominente Fälle wie die von Jörg Kachelmann, Andreas Türck oder Gina Lisa. Im Gerichtsalltag bekommt man es immer wieder mit derartigen Falschaussagen zu tun. Die Gründe dafür können vielschichtig sein: Rache, Rechtfertigung, Eifersucht, Enttäuschung oder gar psychische Probleme bis hin zu eingeredeten Handlungen, die es so nie gab (vgl. Kapitel 6 »Kindermund tut Wahrheit kund«).

Was wäre denn, wenn das Opfer in Stephans Fall tatsächlich freiwillig mit ihm Sex gehabt hätte, weil es sich an dem besagten Abend Hals über Kopf und bis über beide Ohren in ihn verliebt hätte – danach aber hätte herausfinden müssen, dass er verheiratet ist und sie auf gut Deutsch verarscht hat? Wäre es da nicht zu schön, diesen verdammten Stephan mal so richtig leiden zu sehen?

Was, wenn am nächsten Tag die sehr konservative Freundin nach dem weiteren Verlauf des Abends gefragt hätte? Wenn die Belastungszeugin nicht gewusst hätte, wie sie den One-Night-Stand vor ihr rechtfertigen sollte? Sie große Angst davor gehabt hätte, in ihrem neuen Freundeskreis gleich als billiges Flittchen dazustehen, als eine, die mit dem nächstbesten Typen mit Rolex gleich ins Bett steigt? Wenn sie schließlich nicht weitergewusst hätte und ihr aus Scham auf die Nachfragen der Freundin nichts Besseres eingefallen wäre, als die Vergewaltigung zu erfinden? Sie dann von der Freundin zur Anzeige gedrängt worden wäre und keinen anderen Ausweg gesehen hätte?

Was, wenn das vermeintliche Opfer in einer Beziehung gewesen wäre und ihr Freund von der verhängnisvollen Nacht mit Stephan erfahren hätte? Ein Freund, der vielleicht ähnlich eifersüchtig wäre wie Ali, der Verlobte ihrer Freundin? Wenn sie in Erklärungsnot geraten wäre? Wäre sie vergewaltigt worden, wäre es ja kein Seitensprung gewesen, oder?

Und was, wenn es eine Mischung dieser Motive gewesen wäre, welche zu der Falschaussage geführt hätte? Wenn vielleicht sogar alle zusammengetroffen wären?

Und nein, liebe Leserin und lieber Leser, das ist kein »Opfer-Bashing«, auch wenn mich dieser reflexhafte Vorwurf ganz bestimmt treffen wird! All das waren und sind ganz reale Motive für Falschaussagen, wie sie vor Gericht regelmäßig auftauchen. Und dann haben wir immer noch nicht über Phänomene wie Suggestion, Borderline-Persönlichkeitsstörung und zahlreiche weitere Falschaussagemotive gesprochen. Dass es wirklichen Opfern von Straftaten möglicherweise nicht gerade weiterhilft, wenn man Falschbeschuldigern kritiklos Glauben schenkt, sei nur am Rande erwähnt – ein Argument, das viele selbst erklärte Opfervertreter gerne unter den Tisch fallen lassen.

Aber wie soll ein Gericht dann nun beurteilen, wer von zwei sich widersprechenden Personen die Wahrheit sagt, wenn man nicht davon ausgehen kann, dass Opfer grundsätzlich nicht lügen? Soll es im Zweifel einfach immer für den Angeklagten entscheiden? Das wäre nur konsequent, aber entgegen einer jahrtausendealten Tradition heutzutage weder politisch noch moralisch durchsetzbar. Schließlich behaupten die unterschiedlichsten Statistiken, dass 50 Prozent aller Aussagen Falschaussagen sind, was umgekehrt bedeutet, dass mindestens 50 Prozent der Opferangaben der Wahrheit entsprechen. Will heißen: Würde man einem Richter die Beweisregel aufgeben, bei Aussage gegen Aussage (hierzu zählt auch, wenn der Angeklagte schweigt, vgl. Kapitel 3 »Das Mords-Geständnis«) immer zwingend freizusprechen, sofern keine anderen Beweise zur Verfügung stehen, würde man vor allem bei Sexualdelikten außer Serientätern kaum jemals einen Vergewaltiger oder Kinderschänder verurteilen können. Denn Sex findet grundsätzlich im Verborgenen statt, wer will schon bei freiwilligem Geschlechtsverkehr Zeugen dabeihaben? Das gilt aber erst recht für das Vorhaben einer Vergewaltigung oder eines Kindesmissbrauchs. Darum gibt es dabei quasi nie andere Beweise, es steht immer Aussage gegen Aussage. Ziemlich unbefriedigend.

Katharina die Große würde mit dem zu ihrer Zeit avantgardistischen Satz »Lieber zehn Schuldigen vergeben als einen Unschuldigen hinrichten« heute wohl allein auf weiter Flur stehen.

Einfach aus dem Bauch heraus zu urteilen scheint aber auch keine sonderlich fortschrittliche und gute Lösung zu sein. Im Gegenteil: Forschungen zur Entdeckung von Täuschungen haben ergeben, dass selbst Berufsgruppen wie Richter, Psychiater oder Polizisten, die häufig Aussagen hinsichtlich ihrer Glaubhaftigkeit beurteilen müssen, statistisch betrachtet nur Trefferquoten erzielen, die im Bereich der Zufallswahrscheinlichkeit liegen. Nimmt man die Forderung jedoch ernst, dass Strafe als letztes Mittel staatlicher Eingriffsbefugnis nicht auf einem »Gefühlsstrafrecht« beruhen darf, sondern dafür vielmehr ein zweifelsfreier Tat- und Schuldnachweis erbracht werden muss, muss man also wohl einsehen, dass es in Aussage-gegen-Aussage-Situationen einer besonders vorsichtigen Beweiswürdigung bedarf. Aus diesem Grund hat die höchstrichterliche Rechtsprechung klargestellt, dass ein Gericht den Angaben eines Opferzeugen nicht bereits deshalb entscheidend höhere Beweisbedeutung beimessen darf, weil er oder sie möglicherweise Opfer der behaupteten Straftat war. Vielmehr soll das Gericht in solchen Pattsituationen den Inhalt der Aussage einer besonderen Glaubhaftigkeitsprüfung unterziehen, die anhand spezieller Kriterien vorzunehmen ist.

Sie ahnen es bereits – hier kommen die sonderbaren Anmerkungen des Staatsanwalts zu der Aussage vom

Beginn des Kapitels ins Spiel. Aber immer der Reihe nach!

Die beiden namhaften Aussagepsychologen Renate Volbert und Max Steller konnten um die Jahrtausendwende den Bundesgerichtshof davon überzeugen, dass man deutlich verlässlichere Ergebnisse erzielt, wenn man die Aussage eines Zeugen analysiert, als wenn man versucht, die Glaubwürdigkeit seiner Persönlichkeit zu beurteilen. Das klassische Argument dabei war, dass ein notorisch lügender Mensch durchaus einmal die Wahrheit sagen kann, so wie auch umgekehrt ein für gewöhnlich ehrlicher Mensch in bestimmten Situationen lügen kann (vgl. das Kapitel 2 »Nur zweier Zeugen Mund tut Wahrheit kund«). Nur weil man jemanden für grundsätzlich glaubwürdig hält, muss diese Person ja nicht bei jeder Aussage die Wahrheit sagen. Dies gilt natürlich umso mehr, wenn die Person als Zeuge selbst ein eigenes Interesse am Ausgang des Verfahrens hat, was bei Opferzeugen regelmäßig der Fall sein wird (vgl. das Kapitel 1 »Tränen lügen nicht«).

Nach Meinung der Aussagepsychologen könne man aber anhand einer genauen Prüfung des Inhalts einer Aussage qualitative Unterschiede zwischen selbst erlebten Schilderungen und einer Aussage, die nicht auf selbst erlebten Vorgängen beruhe, ausmachen.

Ein einfaches Beispiel:

Welcher Buchstabe kommt nach Q?

Fangen Sie jetzt auch an, sich das Alphabet von A an aufzusagen, bis Sie zum Buchstaben R gelangen? Das tun Sie deshalb, weil Sie das Alphabet irgendwann einmal auswendig gelernt haben. Viele Menschen wissen nicht, welcher Buchstabe wo im Alphabet steht. Um das herauszufinden, müssen sie jedes Mal am Anfang beginnen. Dasselbe gilt für andere auswendig gelernte Inhalte, beispielsweise Gebete, Liedtexte, Gedichte.

Was ich damit sagen will: Wenn er eine Lüge nicht von vorn bis hinten erzählen kann, sondern unterbrochen wird und dann irgendwo weitererzählen soll, wird es für den Lügner schwierig, den Faden wieder aufzunehmen und bei der Sache zu bleiben. Wenn jemand es umgekehrt trotz Unterbrechung schafft, ohne groß nachzudenken, seine Geschichte weiterzuerzählen, spricht womöglich einiges dafür, dass die Aussage glaubhaft ist und damit »erlebnisbasiert«. Und auf genau solcherlei Annahmen beruht die von der Aussagepsychologie entwickelte Glaubhaftigkeitsanalyse einer Aussage.

Dabei geht man von drei Grundannahmen aus:

Sich eine falsche Aussage auszudenken und wiederzugeben erfordert eine immens hohe Gedächtnisleistung, wohingegen der Wahraussagende seinen Bericht relativ problemlos aus dem Gedächtnis rekonstruieren kann.

Ein Lügner will einen besonders glaubwürdigen Eindruck erwecken, um so die Wirksamkeit der falschen Aussage zu unterstützen.

Es bedarf besonderen kriminologischen Wissens, um typische Handlungen des infrage stehenden Delikts schildern zu können, wenn man die Tat so nicht selbst erlebt hat.

Wenn Sie also ein Verbrechen frei erfinden wollten, müssten Sie sich so einiges merken: Was ist genau passiert, wie kam es überhaupt dazu, wo hat das Ereignis stattgefunden und wann, wie haben Sie sich verhalten, und was hat der Täter gemacht und in welcher genauen Reihenfolge? Im Falle von Nachfragen müssten Sie sich Ihre Antworten merken und gleichzeitig auf Plausibilität mit Ihrer Geschichte abgleichen, damit es am Ende keine unauflösbaren Widersprüche gibt. Und dann sollte das Ganze auch noch in sich stimmig sein, Sie dürften beim Erzählen also bloß nichts durcheinanderbringen, und die Details sollten eine möglichst große kriminalistische Kongruenz zu vergleichbaren Fällen aufweisen. Das alles würde hohe Anforderungen an Ihre Gedächtnisleistung stellen.

Bei der Wiedergabe eines tatsächlichen Erlebnisses handelt es sich dagegen um eine relativ leicht zu bewältigende Aufgabe. Jemand, der Selbsterlebtes schildert, gibt seinen Bericht aus dem Gedächtnis wieder, er braucht erst gar nichts zu konstruieren. Er muss sich nicht mit Fragen der Plausibilität, der Reihenfolge oder mit möglichen Widersprüchen in seiner Geschichte auseinandersetzen – die ein Lügner sich auch noch ergänzend merken müsste, um sie beispielsweise nicht fälschlicherweise vorzutragen. Er braucht sich keinen Handlungsstrang einzuprägen, da autobiografische Erinnerungen episodischen Charakter haben. Ein wahr aussagender Zeuge wird also auch zu Randgeschehnissen, Nebensächlichkeiten und vor allem inneren Gedankengängen und Gefühlslagen berichten können. Seine Aussage wird in ihrem Inhalt qualitativ hochwertiger sein als eine Lüge, das heißt, sie wird eine hohe Detailfülle aufweisen, auch ausgefallene Einzelheiten und originelle Ereignisse enthalten. Schließlich werden bei einem tatsächlichen Erlebnis nicht nur die Kerninformation, sondern auch der Kontext im Gedächtnis gespeichert.

Derartige inhaltliche Besonderheiten, die mit der behaupteten Tat zudem in keinem sachlogischen Zusammenhang stehen, werden in der Schilderung eines nicht selbst wahrgenommenen beziehungsweise nicht selbst erlebten Sachverhalts kaum vorkommen. Der Lügner wird sich eher auf den Kern des behaupteten Geschehens konzentrieren, um sein Gedächtnis nicht mit zu vielen verschiedenen Informationen zu belasten. Die Geschichte eines Lügners – so die Annahme der Aussagepsychologie – wird daher nicht sonderlich blumig ausgeschmückt, sondern eher detailarm und wenig elaboriert sein.

Hinzu kommt, dass der Lügner sich als Grundlage seiner Geschichte auf keine autobiografische Erinnerung stützen kann; er kann vielmehr lediglich auf eigene Mutmaßungen und irgendwelches Allgemeinwissen zurückgreifen. Deshalb wird er seine Story recht schematisch aufbauen müssen und dabei eher Dinge schildern, die seiner allgemeinen Erfahrung und Vorstellung nach typischerweise bei dem infrage stehenden Delikt vorkommen. Geht es beispielsweise um einen erfundenen Banküberfall, wird er wohl anmerken, dass der Bankräuber sich wegen der Kameras maskiert hatte – das ist schließlich ein allgemein bekanntes Vorgehen. Er wird aber weder spezifische Informationen (»Die Skimaske ist ihm immer wieder in die Augen gerutscht«) noch irgendwelche nebensächlichen Details (»Der Bankräuber hat beim Betreten der Bank zunächst versucht, die Glastür in die falsche Richtung zu öffnen«) schildern, weil es für die Wiedergabe der Tathandlung objektiv irrelevant und auch aus Allgemeinwissen nicht ableitbar ist. Derartige ungewöhnliche Elemente erscheinen einem Lügner bei der Vorbereitung seiner Falschaussage in der Regel abwegig, zudem würden sie die konstante Reproduktion der Aussage erschweren und werden deshalb intuitiv vermieden.

Auch wird es einem falsch aussagenden Zeugen ohne einschlägige forensische Erfahrung nur sehr schwer möglich sein, gefühlsmäßige Wahrnehmungen tatsächlicher Opfer in Bezug auf sich und den Beschuldigten stimmig zu erfinden (»Ich hatte total Angst vor seinem kalten, durchdringenden Blick. Dabei waren diese blauen Augen eigentlich sehr schön«) oder dem Beschuldigten stimmige physische oder psychische Prozesse zuzuschreiben (»Ich dachte mir, dass diese blauen Augen eigentlich total schön waren«).

Obwohl es der Alltagserfahrung entspricht, dass nicht immer alles reibungslos vonstattengeht, es also zu erwarten wäre, dass es zu Komplikationen bei einzelnen Handlungen kommt oder sie sogar abgebrochen werden müssen, neigen Lügende dazu, auf den Einbau solch unerwarteter Störungen (»Kurz bevor der Bankräuber seine Pistole zückte, musste er niesen«) in den schematischen Handlungsablauf ihrer Falschaussage zu verzichten. Aus Sicht der Aussagepsychologie würde das den Planungshorizont falsch aussagender Zeugen deutlich übersteigen – zumal diese belastungsirrelevanten Schilderungen nur zusätzlichen Gedächtnisballast bedeuten würden und ja eigentlich nichts zur Sache tun.

Weiterhin muss es in tatsächlich erlebnisbasierten

Schilderungen (vor allem bei Sexualdelikten) bei der Durchführung der Tathandlungen zwangsläufig zu irgendeiner Art von Interaktion zwischen dem Täter und dem Opfer kommen, die zumeist nicht wortlos verläuft, sondern von Gesprächen oder verbalen Äußerungen begleitet wird. Es spricht deshalb für die Erlebnisfundierung der Angaben, wenn die Interaktionsschilderungen erkennen lassen, wie sich etwaige Aktionen und Reaktionen wechselseitig bedingt haben. Auch die Wiedergabe ganzer Gesprächssequenzen erhöht die Qualität einer Aussage (»Er sagte: ›Hände hoch!‹ Um ihm aber das Geld aus der Kasse geben zu können, brauchte der Kassierer logischerweise seine Hände. Deshalb fragte er den Bankräuber: ›Darf ich meine Hände runternehmen?‹«). Demgegenüber müsste sich ein falsch aussagender Zeuge retrospektiv stimmige Gesprächsabfolgen überlegen und diese nahtlos in seine Aussage einbauen. Dies erfordert eine gut ausgeprägte Fähigkeit zum Perspektivenwechsel und auch entsprechendes Hintergrundwissen darüber, wie derartige Interaktionen in der Realität ablaufen könnten.

Ein weiterer Unterschied zwischen einem aufrichtigen und einem lügenden Zeugen betrifft die Selbstpräsentation. Es wird davon ausgegangen, dass falsch aussagende Personen das Ziel verfolgen, einen möglichst glaubwürdigen Eindruck zu erwecken, um so die Wirksamkeit ihrer Aussage zu erhöhen. Zu diesem Zweck greift der Lügner auf Alltagsvorstellungen darüber zurück, welche Verhaltensweisen besonders glaubhaft wirken und welche dagegen umgekehrt zum Verdacht der Unglaubwürdigkeit führen könnten. Er wird sich daher als kompetent präsentieren (zum Beispiel durch Verzicht auf spontane Korrekturen eigener Angaben) und als moralisch makellos (zum Beispiel durch Vermeiden von Selbstbelastungen oder von Einwänden gegen die Glaubwürdigkeit der eigenen Person). Vermeintlich verräterische Verhaltensweisen und Äußerungen (zum Beispiel das Eingestehen von Erinnerungslücken oder inhaltliche Verbesserungen) wird der typische Lügner tunlichst vermeiden. Wer von der Wahrheit seiner Lüge überzeugen will, wird seine Story schließlich nicht durch vermeintliche Lügenindikatoren oder Inkompetenz angreifbar machen. Oft wird außerdem der Beschuldigte aktiv abgewertet (»Der hat auch meine Freundinnen schon immer so lüstern angeguckt«), um dessen Glaubwürdigkeit zu untergraben, und die belastenden Angaben eher übertrieben als abgeschwächt, um keinesfalls Zweifel an seiner Schuld aufkommen zu lassen. Unter Juristen ist dieses Verhalten gemeinhin als »Belastungseifer« bekannt. Im Umkehrschluss heißt das für die Aussagepsychologen, dass Aussageinhalte wie das Eingestehen von Unsicherheit oder Mitschuld tendenziell eher für den Erlebnisbezug der Angaben sprechen.

Auch die spontane, unstrukturierte und nicht chronologische Darstellung eines Sachverhalts deutet eher auf eine erlebnisbasierte Aussage hin. Denn kein Lügner, der einen anderen von der Wahrheit seiner Lüge überzeugen will, würde so chaotisch erzählen. Er glaubt ja im Gegenteil gerade, er müsse seine Geschichte besonders klar und strukturiert aufbauen, um einen glaubhaften Eindruck zu erwecken.

Zu den wichtigen und belegkräftigen Indikatoren für

den Wahrheitsgehalt einer Aussage gehört aber auch die Schilderung sogenannter deliktspezifischer Inhalte und phänomengemäßer Schilderungen, also detailliertes Hintergrundwissen zum typischen Ablauf und zu charakteristischen Einzelheiten des Delikts, das einem Lügner regelmäßig fehlen wird. Ein kleines Kind weiß unter normalen Umständen noch nichts vom Samenerguss eines Mannes, sodass die Aussage, der Papa habe mit seinem Pipi »gespuckt«, auf einen realen Erlebnishintergrund hindeuten könnte. Gerade bei Sexualdelikten konnten anhand von Fallanalysen und durch Befragung von Opfern, aber auch verurteilten Sexualstraftätern bestimmte Handlungsmuster, Strategien und Vorgehensweisen ermittelt werden, die bei den tatsächlichen Taten häufig auftreten – beispielsweise das Gefühl des »Beschmutztseins« beim Opfer nach einer Vergewaltigung mit der Folge anschließender übermäßiger Körperpflege. Finden sich derartige deliktspezifische Elemente in einer Zeugenaussage, könnte dies also ebenfalls stark auf den Erlebnisbezug der Aussage hindeuten.

Mithilfe all dieser Erkenntnisse hat die Aussagepsychologie nun bestimmte Qualitätsmerkmale von wahren Aussagen entwickelt, die sich vermehrt in tatsächlich erlebten, aber nicht in unwahren Darstellungen finden lassen sollen.

Ganz schön harte Kost bis hierhin. Aber es hat sich gelohnt. Denn künftig können Sie – lieber Leser, liebe Leserin – überprüfen, ob Ihr Ehemann/Ihre Ehefrau, Ihr Arbeitskollege, Freund, Bekannter, Schwippschwager oder wem auch immer Sie endlich einmal das Handwerk legen wollen, die Wahrheit sagt, und das ganz einfach anhand folgender aussagepsychologischer Qualitätsmerkmale:

- Ist die Aussage logisch/plausibel?
- Wird die Handlung ungeordnet oder gar sprunghaft erzählt?
- Zeichnet sich die Aussage durch zahlreiche Details aus?
- Werden Nebensächlichkeiten oder ausgefallene Einzelheiten erwähnt?
- Wie detailliert sind die Interaktionsschilderungen und die Wiedergabe von Gesprächen?
- Kam es zu irgendwelchen Komplikationen im Verlauf der behaupteten Handlung?
- Werden eigene Gedanken während der behaupteten Handlung geschildert?
- Gibt es spontane Verbesserungen der eigenen Aussage, welche sich aber nahtlos logisch einfügen?
- Werden Erinnerungslücken eingestanden, oder gibt es gar Einwände gegen die Richtigkeit der eigenen Aussage?
- Und wie sieht es mit Selbstbelastungen aus?

Je mehr dieser Merkmale Sie in der Aussage Ihres Gegenübers finden, desto mehr spricht grundsätzlich dafür, dass er oder sie die Wahrheit sagt. Aber Vorsicht: Den Umkehrschluss erlaubt die Methodik nicht! Wer also eine »qualitätsarme« Aussage abliefert, ist deshalb nicht automatisch ein Lügner. Schließlich kann es durchaus andere Gründe dafür geben, dass eine Aussage detailarm oder wenig ausgeschmückt ist, beispielsweise weil schon das geschilderte Ereignis wenig komplex war, keine Aussagebereitschaft besteht, der Aussagende sich auf das aus seiner Sicht Wesentliche beschränken will etc. Eine gezielte Falschaussage wäre also nur eine Möglichkeit.

Zurück zum Fall! Was meinen Sie, wie hat der Staatsanwalt die Glaubwürdigkeit der Aussage bewertet? Hat er Stephan angeklagt?

Um dies zu beantworten, müssen Sie sich nach dem oben Gesagten nur folgende drei Fragen stellen:

1. Könnte das Opfer eine Aussage mit einer derart spezifischen inhaltlichen Qualität produzieren, ohne dass sie auf einem realen Erlebnis beruht?

2. Würde das Opfer im Falle einer absichtlichen Falschbeschuldigung Details erwähnen, welche die eigene Aussage (oder die eigene Person) in ein unvorteilhaftes Licht rücken?

3. Könnte das Opfer ohne kriminologische Kenntnisse in seiner Aussage solche deliktspezifischen Inhalte schildern?

Sie werden anhand der Randnotizen des Staatsanwaltes vielleicht schon erahnen, wie er die Fragen beantwortet hat: Denn würde eine Lügnerin dem eigentlich behaupteten Tatgeschehen die ganzen irrelevanten Details zu Beginn der Geschichte voranstellen oder diese nicht womöglich schon aufgrund des unnötigen inhaltlichen Ballastes, den sie für ihr Gehirn darstellen, weglassen? Tut schließlich überhaupt nichts zur Sache, ob sie Stephan nun angelächelt hat, ob sich ihre Blicke trafen und ob er ein »Kavalier der alten Schule« oder doch mehr der Protzklotz mit angeberischer Uhr war. Und ob Ali, Mustafa oder Dustin ihre Freundin abgeholt haben, interessiert doch auch niemanden, oder?

Hätte eine Lügnerin sich selbst die Schuld dafür gegeben, dem mutmaßlichen Täter ihre Grenzen nicht ausreichend aufgezeigt zu haben – mit der Gefahr, dass genau dieser Umstand den Täter am Schluss noch entlastet und er im schlimmsten Fall deshalb freigesprochen wird?

Wäre eine Lügnerin auf eine so ausgefallene Einzelheit gekommen, dass Stephan plötzlich nackt aus dem Bad kam, wenn doch Vergewaltigungen gemeinhin nach einem ganz anderen Schema ablaufen – zumindest in den Krimis?

Hätte eine Lügnerin ganze Dialoge zwischen Täter und Opfer wiedergegeben – die sie sich ja auch erst noch hätte ausdenken müssen –, oder hätte sie sich vielmehr auf die bloße Schilderung der eigentlichen Tathandlungen beschränkt?

Hätte eine Lügnerin wirklich Erinnerungslücken eingestanden, obwohl sie befürchten musste, damit Verdacht zu erregen? Hätte eine Lügnerin ihre Geschichte dermaßen unstrukturiert und sprunghaft erzählen und dabei sogar über längst vergangene Zeiten als 16-Jährige sprechen können, um dann wieder problemlos zum roten Faden ihrer Story zurückzufinden? Hätte eine Lügnerin bei einer frei erfundenen Geschichte Komplikationen bei den sexuellen Handlungen – hier das Problem mit dem Tampon – geschildert?

Wäre eine Lügnerin wirklich auf so originelle Einzelheiten gekommen und hätte behauptet, der Täter habe an dem benutzten Tampon erst einmal gerochen?

Hätte eine Lügnerin so viele Details zum Sexualgeschehen schildern können, insbesondere wie die Atmung des Täters schneller geworden war, wie er ihre Brüste aus dem BH geholt und ihr am Schluss sogar noch den Finger in den Po gesteckt hatte, wenn das doch alles frei erfunden war?

Hätte eine Lügnerin sich in ihrer Aussage wirklich selbst berichtigt und damit auf gewisse Lücken in ihrer Story hingewiesen?

Nein, eine Lügnerin hätte all das nicht getan. Zumindest nicht, wenn man sich auf die oben genannten Qualitätskriterien einer wahren Aussage verlassen darf.

Und dennoch stellte der Staatsanwalt das Verfahren gegen Stephan ein. Auch der Haftbefehl wurde auf seinen Antrag hin umgehend aufgehoben und Stephan am Tag darauf aus der U-Haft entlassen.

Glück gehabt, könnte man sagen – oder vielleicht besser noch: Glück im Unglück. Neun Wochen Untersuchungshaft sind kein Zuckerschlecken, von den außergerichtlichen Konsequenzen mal ganz zu schweigen: Job weg, Frau weg, Geld weg – der Anwalt wollte schließlich auch gut bezahlt sein. Immerhin schien sich wenigstens diese Investition für Stephan gelohnt zu haben. Aber woran lag es, dass der Staatsanwalt ihn nicht anklagte?

Nun, so gern ich Ihnen jetzt eine anwaltliche Helden-
geschichte auftischen würde – es war dem puren Zufall
geschuldet, dass Stephan zum Erscheinen dieses Buchs
nicht noch immer eine langjährige Freiheitsstrafe absitzt.

Es stellte sich heraus, dass Stephan nachweislich das
Opfer einer perfiden Intrige geworden war.

Tatsächlich war es nämlich die erste der vier möglichen
Sachverhaltsvarianten, welche der Staatsanwalt zunächst
verworfen hatte, sich aber am Ende als die richtige erwies.
Und ausgerechnet die Sache mit dem blutigen Tampon
sollte den Schwindel auffliegen lassen. Denn es war nicht
das erste Mal gewesen, dass die zierliche blonde Frau
einen Mann mit Rolex in einer Bar kennengelernt und
dann im Nachgang behauptet hatte, von ihm vergewaltigt worden zu sein. Ziemlich genau ein Jahr zuvor hatte
sie die exakt gleiche Story in einer anderen Polizeidienststelle in Brandenburg zu Protokoll gegeben, mit allen
Details, die wir bereits aus Stephans Fall kennen – das
charmante Lächeln, die tollen Gespräche, selbst die Num-
mer mit dem Finger im Po und dass er angeblich nackt
aus dem Bad kam, bis hin zu der Sache mit dem Tampon.

Letzteres war aber nun ein solch markantes Detail,
dass es eine Brandenburger Lokalzeitung in ihrer Online-
Ausgabe erwähnt hatte. Und dieser Artikel fand über den
Äther des Internets auch den Weg nach Baden-Württemberg zu Stephans Mutter. Die wurde sofort hellhörig,
denn das konnte nun wahrlich kein Zufall mehr sein,
dass es nur einige Monate zuvor einen zweiten Verge-
waltigungsfall gegeben haben sollte, bei dem der angebliche Täter vor der eigentlichen Vergewaltigung an dem
blutigen Tampon gerochen hatte. Und siehe da, bei dem

»Opfer« aus Brandenburg handelte es sich um dieselbe Frau wie in unserem Fall. Die Akte aus Brandenburg las sich dabei fast deckungsgleich zu der Akte aus Baden-Württemberg. Die zierliche Frau musste ein geradezu fotografisches Gedächtnis besitzen – und ein äußerst ausgeprägtes Talent zu lügen, immerhin hatte sie den Staatsanwalt im ersten Fall mit ihrer Aussage sofort überzeugt, Anklage gegen den unseligen Mann aus Brandenburg zu erheben.

Vielleicht wäre das Ganze auch schon deutlich früher aufgeflogen, hätte man das mutmaßliche Opfer im Zuge der Ermittlungen einfach in den Verfahrenslisten der Staatsanwaltschaft abgefragt, so wie man es bei Beschuldigten obligatorischerweise tut, um zu überprüfen, ob auch andere Ermittlungsverfahren gegen sie laufen. Doch bei Opfern ist so etwas nicht üblich – sind ja schließlich Opfer und keine Täter.

Die Frau, die nun postwendend vom mutmaßlichen Opfer zur mutmaßlichen Täterin mutiert war, schien entweder unfassbares Pech mit Männern – noch dazu mit solchen, die eine Vorliebe für benutzte Tampons teilten – oder aber sich ausgiebig mit Aussagepsychologie und Qualitätskriterien »glaubhafter« Aussagen beschäftigt zu haben. Wie war das noch mal? Dem Lügenden wird es schwerfallen, eine detaillierte, elaborierte und damit qualitativ hochwertige Aussage zu produzieren.

Mag alles stimmen, nur scheinen leider Ausnahmen die Regel zu bestätigen, womit sich dann auch die Frage stellt, was von den Methoden der Aussagepsychologie zu halten ist.

Nicht viel, meiner Meinung nach. Jedenfalls dann

nicht, wenn es um eine von der einen Seite einvernehmlich, von der anderen Seite nicht einvernehmlich geschilderte Handlung geht oder das »Opfer« einschlägigen
Erfahrungshintergrund besitzt. Denn wenn beide Parteien dieselbe sexuelle Handlung schildern, die sich nur
in der Frage des Einvernehmens unterscheidet, stimmen
bereits 99 Prozent der jeweiligen Aussage mit dem tatsächlich Erlebten überein. Eine aussagepsychologische
Inhaltsanalyse, welche sich auf Aussageteile bezieht, die
zweifelsfrei erlebnisbasiert sind, wird selbstverständlich
eine hohe Qualität aufweisen, lässt aber keinerlei Rückschluss auf das übrige in Abrede gestellte 1 Prozent zu.
Wie will man denn bitte bei der Schilderung eines gewalt-
freien Sexualaktes klären, ob dabei jemand »Hör auf!«
gesagt hat oder nicht?

Hinzu kommt, dass vermutlich kaum eine Falschaussage vollständig erfunden ist, sondern dabei fast immer
auch bekannte Orte, Personen und Ereignisse einbezogen werden, gerade weil eine völlig frei erfundene Lüge
so viel gedankliche Merkkapazität erfordert. Gute Lügner
nutzen unter Umständen sogar die Strategie, möglichst
ausführliche wahre Anteile in ihre erfundene Aussage
einzuflechten.

Ähnlich verhält es sich aber auch bei einem einschlägigen Erfahrungshintergrund des mutmaßlichen Opfers.
So konnte in einer wissenschaftlichen Untersuchung
festgestellt werden, dass falsch aussagende Kinder, die
bereits ein eigenes ähnliches Erlebnis hatten oder über
entsprechende Informationen darüber verfügten, im
Gegensatz zu frei fantasierenden Untersuchungsteilneh-
mern qualitativ hochwertigere Falschaussagen lieferten,

welche sich nicht mehr substanziell von wahren Aussagen unterscheiden ließen. Nicht zuletzt sollte man logischerweise auch vor allem dann imstande sein, Einfluss auf die Glaubwürdigkeit der eigenen Lüge zu nehmen, wenn man sich ausführlich über die Methodik der Aussagepsychologie informiert.

Und seien wir mal ehrlich: In Zeiten von Google, unzähligen True-Crime-Sendungen und Opferanwälten, die für Geld ihre Seele verkaufen, ist es wahrlich nicht schwer, auch dann qualitativ hochwertige Aussagen mit deliktstypischen Details zu liefern, wenn an der Sache nichts, so gut wie nichts oder aber eben nur ein bisschen was dran ist. Denn dass Opfer von Vergewaltigungen sich nach der Tat schmutzig fühlen und sich deshalb, noch bevor sie überhaupt die Polizei rufen, oft erst mal gründlich waschen, ist jedem drittklassigen »ARD-Tatort« zu entnehmen und kann deshalb kaum als herausragendes Kriterium einer besonders glaubhaften Aussage gelten. Und auch wie der Geschlechtsakt an sich abläuft oder ablaufen kann, sollte den meisten erwachsenen Personen gut bekannt sein. Es handelt sich hier eben nicht um kriminologisches Geheimwissen.

Apropos Opferanwalt: Mir ist ein Fall bekannt, bei dem eine Opferanwältin einem von ihr benannten Zeugen vom Hörensagen, dem das Opfer im Nachgang der Tat angeblich zahlreiche Details erzählt hatte, ausführliche Mails zur Vorbereitung auf seine Aussagen bei Gericht schickte. Darin wurde er angewiesen, letztlich genau das zu berichten, was auch das Opfer bei der Polizei inhaltlich zur Tat ausgesagt hatte. Eine Opferaussage gilt nämlich vor allem dann als besonders glaubwürdig, wenn die darin gemachten Angaben von mehreren anderen Aussagen bestätigt werden. Was ist eine solche Aussage aber wirklich wert, wenn der Zeuge sie vorab per E-Mail bekommen hat? Gar nichts. Und dieser Fall ist nur durch Zufall ans Licht gekommen – über die Dunkelziffer kann man nur mutmaßen.

Ob also eine kriterienorientierte Inhaltsanalyse von Aussagen tatsächlich dabei hilft, Fehler bei der freien richterlichen Beweiswürdigung zu vermeiden, sei einmal dahingestellt. Schlechte Lügner kann man damit eventuell noch erkennen, die guten Lügner dagegen eher nicht. Vielleicht ist dieses Vorgehen am Ende also doch nicht so anders, als wenn man aus dem Bauch heraus entscheiden würde.

Doch wie auch immer man es bewerten mag – Kritik verdient in jedem Fall der Rechtsanwender, wenn er sich anmaßt, eine ihm völlig fachfremde Methodik anzuwenden, die er weder im Studium noch in seiner praktischen Ausbildung vermittelt bekommen hat. Aber wie heißt es so schön: Die Beurteilung des Wahrheitsgehalts von Aussagen ist die ureigene Aufgabe des Richters. Oder anders formuliert: »Handwerksmeister wird man nach einer Lehre mit einschlägigen theoretischen und praktischen Komponenten und nach langer Gesellenzeit – Richter wird man durch Ernennung.« Der Spruch stammt nicht von mir, sondern ausgerechnet von einem Richter, aber ich finde ihn dennoch ziemlich treffend. Denn Richter haben von Aussagepsychologie meist ebenso viel Ahnung wie der Papst vom Heiraten. Das hält sie aber nicht davon ab, ein Richterleben lang die Glaubwürdigkeit von Aussagen und Personen aufgrund laienhafter Konzepte und oberflächlichen Wissens zu beurteilen und die eigenen Fehler dann auch noch als Erfolge zu feiern. Denn die Justiz erweist sich recht häufig als ein sich selbst bestätigendes System mit einer grauenhaften Fehlerkultur. Schließlich wird ein Fehlurteil nicht selten rechtskräftig und gilt dann als besonders erfolgreiche Überführung eines hartnäckigen Leugners. Die Bereitwilligkeit der Justiz, aus Beinahekatastrophen wie im vorliegenden Fall zu lernen, ist dabei leider oft denkbar gering. Auch solche Fälle werden vielmehr noch zirkelschlüssig als Beleg für die eigene Unfehlbarkeit herangezogen, schließlich wurde ja am Ende dann doch alles aufgeklärt. Gut, in unserem Fall nicht vom Staatsanwalt, sondern von Stephans Mutter – aber das ist ja eine unwichtige Nebensache, oder etwa nicht?

Vielleicht sind derartige Fälle der Falschbeschuldigung einfach nur deshalb so selten, weil sie selten erfolgreich aufgeklärt werden.

Bei der zierlichen »Femme fatal« war der Grund für die Falschbezichtigung der beiden unschuldigen Männer übrigens schlicht und ergreifend das Geld gewesen – wie sie später angesichts der erdrückenden Beweislage zugeben musste. Sie hatte sich nicht zufällig als Opfer wohlhabende Männer mit Rolex ausgesucht. Ihr Ziel war es gewesen, mithilfe einer Vergewaltigungsanzeige ein üppiges Schmerzensgeld einzuheimsen – was bei dem Fall in Brandenburg übrigens schon wunderbar funktioniert hatte. Immerhin hatte sie im Internet nicht nur gelesen, was man sagen muss, um glaubhaft eine erlebnisbasierte Vergewaltigung zu schildern, sondern auch, dass Beschuldigte von Sexualstraftaten sich bei der Opferentschädigung besonders großzügig zeigen, um ihre zu erwartende Strafe zu mildern. Und Tatsache, ein erfolgreicher Täter-Opfer-Ausgleich mit aufrichtiger Entschuldigung beim Opfer nebst Zahlung eines meist fünfstelligen Betrages kann dem Beschuldigten ein gutes Viertel Strafrabatt einbringen.

In diesem Sinne erlauben Sie mir bitte noch den abschließenden Hinweis: Ich habe Ihnen hier ganz bewusst nicht alle Methoden zur Beurteilung der Glaubwürdigkeit einer Aussage und auch nicht alle Qualitätskriterien nach Art und Relevanz beschrieben, schließlich will ich Ihnen keine Anleitung zur erfolgreichen Falschbeschuldigung geben, getreu dem Motto: »So bringen Sie jeden Unschuldigen garantiert in den Knast.«

Das Schlimme ist nur: Ich könnte es!

Wissen Sie, von wem die meisten Steuersünder enttarnt werden?

Von ihren Ehefrauen.

Kein Witz. Gut 90 Prozent aller Scheidungen erfolgen im Streit, nicht selten wird es schmutzig. Da ist es ein sehr beliebtes Vorgehen, sich den Scheidungskrieg dadurch zu versüßen, dass man etwas Licht ins Dunkel der »stillen Reserven« des Nochehemanns bringt, die während der glücklicheren Zeiten mal mehr, mal weniger üppig auf Schweizer Nummernkonten flossen. Schließlich soll der künftige Ex bei der Scheidung ja bloß nicht zu gut wegkommen. Und sein Blick bei dem kleinen Besuch der freundlichen Steuerfahnder: unbezahlbar. Im von Rachegelüsten und Frustration geprägten Zorn wird allerdings gerne übersehen, dass die meisten Eheleute steuerlich gemeinsam veranlagt werden. Für all das, was der vormalige Göttergatte am Fiskus vorbeigeschleust hat, ist die Ehefrau ebenfalls mit dran. Eine Win-win-Situation nennt man das wohl in Steuerfachkreisen – die Steuerfahnder freut's.

Vielleicht auch deshalb sind gerade bei Familienrechts-streitigkeiten in den letzten Jahren ganz andere Methoden in Mode gekommen, um dem Ex-Partner möglichst effektiv eins auszuwischen.

So auch bei Philipp und Valentina, doch zunächst war es die große Liebe.

Zwar war Philipp, der Tennislehrer, ein Gigolo, wie er im Buche steht. In dem schicken Tennisclub am Rande der Großstadt war er vor allem dafür bekannt, buchstäblich nichts anbrennen zu lassen. Aber die hübsche Valentina hatte ihm schon beim ersten Training den Kopf verdreht. Sie war eher der Künstlertyp, immer top gestylt, trug ausgefallene Mode und wusste ihre Reize durchaus gekonnt einzusetzen. Dass sie Mutter einer schon 12-jährigen Tochter war, sah man ihr ebenso wenig an wie ihr Alter. Doch sie war keine Frau für eine Nacht – das hatte sie Philipp schon nach dem ersten Tennis-match sehr deutlich gemacht. Sex gab's bei Valentina nur in einer ordentlichen festen und vor allem monogamen Beziehung, da war sie konservativ. Was man Valentina bei allem Konservatismus allerdings nicht nachsagen konnte, war, dass es in ihrem Leben nicht rasant und intensiv zuging. War ihr ihr Job zu langweilig, dauerte es keine Woche, und sie hatte einen neuen. Gefiel ihr ein neues Automodell besser, war ihr aktueller Wagen schneller ausgetauscht als die Zündkerzen. Und wenn ihr ein Mann gefiel und sie ihn haben wollte, dauerte auch das nicht lange, und er gehörte ihr – und zwar ganz! Sie lebte ihr Leben ohne Kompromisse.

Philipp und Valentina heirateten bereits drei Monate nach ihrem ersten Tennismatch. Philipps Freunde konn-

ten es schier nicht glauben. Ausgerechnet er, der Vorzei-
gejunggeselle, stürzte sich Hals über Kopf in eine Ehe.
Und auch Philipps Eltern fielen buchstäblich aus allen
Wolken, als sie bei der Landung in Las Vegas nicht nur
Valentina zum ersten Mal trafen, sondern zugleich von
der tags darauf stattfindenden Hochzeit erfuhren. Selbstverständlich machte Valentina auch dabei keine Kompromisse: Sie organisierte einen Geiger, der im pinken
Anzug auf einer pinken Violine den Hochzeitsmarsch
spielte, und dachte selbstverständlich auch an den obligatorischen Elvis, der die beiden Verliebten im weißen
Rüschenanzug vermählte. Nicht gedacht hatte sie dagegen an einen Ehevertrag. Valentina entschied Dinge eben
mehr mit dem Herzen als mit dem Verstand.

Man ahnt es bereits: Ebenso schnell, wie sich die (mehr
oder weniger) junge Liebe gefunden hatte, zerbrach
sie auch wieder. Ob ein neuer Tennislehrer der Grund
dafür war oder doch der jüngste weibliche Neuzugang im
Tennisclub, wer weiß? Jedenfalls reichte Valentina nach
ziemlich genau einem Ehejahr die Scheidung ein. Doch
ausgerechnet die sollte sich – für Valentina ganz unge-
wohnt – nicht auf die Schnelle erledigen lassen. Denn
Philipp dachte gar nicht daran, sich scheiden zu lassen –
schon gar nicht einvernehmlich und unter Verzicht auf
wechselseitige Ansprüche. Im Gegenteil: Er fühlte sich in
seiner aktuellen komfortablen Lebenssituation durchaus
wohl. Auf Valentinas prunkvollem Anwesen stand ihm
praktisch eine eigene Doppelhaushälfte zur Verfügung,
lediglich Bad und Küche musste er sich mit Valentinas
Tochter Laura teilen, die wiederum einen eigenen Wohn-
bereich im Dachgeschoss nutzte. Valentina selbst hatte

die gesamte andere Haushälfte nach ihren Vorstellungen aus- und umgebaut, wobei Philipp seit der hochemotionalen Trennung dort Persona non grata war.

Kurzum: Philipp nutzte all die zahlreichen kleinen Annehmlichkeiten des Alltags, die ihm Valentinas Bankkonto bot, und hatte es nicht eilig, dieses angenehme Leben so abrupt einfach wieder aufzugeben. Er zog das Scheidungsverfahren bewusst in die Länge, was Valentina zur Weißglut brachte.

Der schon einige Monate andauernde »kalte« Scheidungskrieg nahm allerdings eine dramatische Wendung für Philipp, als er eines Morgens unsanft geweckt wurde und sich nur wenig später in Handschellen im Vernehmungszimmer der Kriminalpolizei wiederfand. Laut Haftbefehl sollte er Stieftochter Laura über Monate hinweg sexuell missbraucht haben.

Philipp bestritt die Vorwürfe vehement. Er habe es doch überhaupt nicht nötig, sich an einem so jungen Ding zu vergreifen. Ihm hätten es vielmehr die gelangweilten reichen Ehefrauen und Mütter angetan, von denen es im Tennisclub so einige gab. Ungefragt und sehr ausführlich schilderte er die Vorzüge »reiferer Frauen«, ob die Polizeibeamten das nun wissen wollten oder nicht. Die Vorwürfe gegen ihn seien dagegen ein reines Fantasieprodukt, seine Verhaftung allein das Ergebnis einer böswilligen Intrige seiner Nochehefrau Valentina. Nie habe er die kleine Laura auch nur angefasst. Ihrer Mutter wolle nur die Scheidung zu ihren Gunsten vorantreiben. Wäre ja schließlich nicht das erste Mal, dass Kinder in Scheidungskriegen instrumentalisiert würden, um den Ausgang des Verfahrens zu beeinflussen. Im Übrigen sei es höchstens umgekehrt gewesen. Laura habe sich nämlich regelrecht in ihn verliebt. Ständig habe sie Zeit mit ihm verbringen wollen, sich abends mit zu ihm auf die Couch gekuschelt, sei oft, ohne anzuklopfen, ins Badezimmer gekommen, wenn er sich geduscht habe, um sich dann für ihr »Versehen« schauspielerisch wenig überzeugend zu entschuldigen und ihm dabei zwischen die Beine zu starren. Und auf den Tennisplatz habe sie auch ständig mitkommen wollen, selbst dann, wenn sie gar keine Stunde bei ihm gehabt habe.

Valentina dagegen hatte gegenüber der Polizei angegeben, dass es ein wahnsinniger Schock für sie gewesen sei, von dem sexuellen Missbrauch zu erfahren. Sie habe natürlich schon gewusst, dass Philipp vor ihrem Kennenlernen alles, was nicht bei drei auf den Bäumen gewesen sei, flachgelegt habe. Das sei im Club allseits bekannt gewesen, auch in Bezug auf deutlich jüngere Tennisschülerinnen. Aber dass er sich an ihrer Tochter vergreifen würde, hätte sie nie für möglich gehalten. Sie habe sich damals in ihrer Verliebtheit und Naivität noch darüber gefreut, wie gut Philipp sich mit Laura zu verstehen schien. Er habe es sogar binnen kürzester Zeit geschafft, sie vom ewigen Computer- und Handyspielen weg und auf den Tennisplatz zu locken, und auch sonst habe er regelmäßig viel Zeit mit ihr verbracht.

Laura habe sich ihr erst offenbart, als sie eines Nachts wegen der ganzen Situation mit Philipp mal wieder weinend auf dem Sofa gesessen habe. Ihre Tochter sei wohl noch wach gewesen, habe ihr Schluchzen gehört und sie gefragt, was denn los sei. Sie habe Laura geantwortet, dass es wegen Philipp sei, die ganze Scheidung tue ihr einfach so weh, woraufhin Laura dann auch plötzlich zu weinen angefangen und gesagt habe, dass Philipp auch ihr wehgetan habe. Da sei sie stutzig geworden und habe nachgefragt, Laura habe aber nichts weiter erzählen wollen und gemauert. Sie habe jedoch nicht lockergelassen, und Laura habe irgendwann eingeräumt, dass Philipp sie beim Tennis immer so komisch angefasst habe. Er habe ihre Schlaghand mit der einen Hand geführt, während er seine andere Hand stets auf Höhe ihrer Brüste gehabt habe – angeblich, um »ihre Haltung zu stabilisieren«. Ihr sei das total unangenehm gewesen, und sie habe sich da schon irgendwie gedacht, dass Philipp leicht pervers sei. Sie sei auch nur deswegen weiter zum Tennis gegangen, weil Valentina unbedingt gewollt habe, dass sie nicht immer vor dem Computer sitze, sondern auch mal ein bisschen Sport mache.

Zu diesem Zeitpunkt – so berichtete Valentina der Polizei – habe sie noch an ein Missverständnis geglaubt. Sie habe sich daran erinnert, dass Philipp auch ihr immer diese »Hilfestellung« gegeben habe, das gehöre eben dazu, und vielleicht habe Laura in ihrer pubertären Phase das einfach alles überinterpretiert. Gleichzeitig sei ihr aber sehr wohl bewusst gewesen, dass sie selbst und Philipp sich bei dieser Übung zum ersten Mal nähergekommen seien, und das habe sie sehr beunruhigt.

Laura habe daraufhin nicht weitererzählen wollen, aber sie habe hartnäckig immer wieder gefragt, ob da nicht doch noch etwas gewesen sei. Was Laura schließlich berichtet habe, habe dann nicht mehr als Missverständnis interpretiert werden können. Irgendwann habe Philipp ihr beim Rumalbern auf dem Tennisplatz den

Fuß gestellt, sodass sie hingefallen sei. Philipp habe dann auch so getan, als würde er stolpern, und sei »zufälligerweise« direkt auf ihr gelandet. Er habe auf ihr gelegen, ihr tief in die Augen geschaut und sie dann einfach auf den Mund geküsst. Da sei es schon Abend gewesen, Philips letzte Stunde, deshalb sei außer ihnen beiden niemand mehr auf dem Platz gewesen. Er habe dann mit dem Zeigefinger auf seinen Mund gedeutet und gesagt, dass das ihr kleines Geheimnis bleiben müsse und sie niemandem etwas davon erzählen dürfe, schließlich sei er ja mit ihrer Mama verheiratet, und das würde sonst richtig Ärger geben. Sie habe ihm versprechen müssen, alles für sich zu behalten. Ab da sei Philipp auch ganz oft abends, wenn sie sich bettfertig gemacht habe, unangekündigt und ohne zu klopfen ins Badezimmer gekommen. Dabei habe er sie auch ein paarmal nackt beim Umziehen erwischt. Manchmal habe sie nicht mal mehr Zeit gehabt, sich ein Handtuch vorzuhalten, und er habe »alles« sehen können. Das sei ihr total peinlich gewesen.

Valentina war vollkommen fassungslos. Dabei war das noch nicht einmal alles. Auf weiteres Nachbohren erzählte Laura nämlich auch, dass Philipp sie »angefasst« habe. Die weiteren Details erwiesen sich als so grauenvoll, dass sie Laura sofort einpackte und zur Polizei brachte.

Dort berichtete Laura dann auch von dem schlimmsten Erlebnis mit Philipp. An ihrem 13. Geburtstag habe sie eine Pyjama-Party veranstaltet, zusammen mit ihren besten Freundinnen. Ihre Mama sei an dem Abend aber auf einem Geigen-Konzert gewesen, sodass Philipp auf die Mädchen aufgepasst habe. Er habe sich dann nachts, als sie und ihre Freundinnen alle zusammen auf dem

Dachboden geschlafen hätten, unbemerkt einfach mit zu ihr ins Bett gelegt, habe sich von hinten an sie gekuschelt und sich an ihr gerieben. Sie habe sein »Teil« an ihrem Po gespürt. Wegen ihrer Freundinnen, die ja alle mit im Raum gewesen seien und geschlafen hätten, habe sie sich nichts zu sagen getraut. Schließlich habe sie auf keinen Fall gewollt, dass sie irgendetwas von alledem bemerkten. Danach sei die Situation für sie völlig unerträglich geworden. Immer wenn ihre Mama gerade unterwegs gewesen sei und Phillip und sie allein im Haus, habe er sie einfach zu sich rangezogen und geküsst. Dabei habe er ihr auch gern mal mit seiner Hand in die Hose gefasst und ihren Po fest geknetet oder »vorne so rumgedrückt«.

Sie habe nur deshalb nichts gesagt, weil Philipp damit gedroht habe, ihre Haustiere in den Wald zu bringen und auszusetzen. Besonders um ihren Hamster Lexi, den sie von ihrer Großmutter Karin geschenkt bekommen habe, habe sie große Angst gehabt. Als sie ihre Mama dann aber nachts weinen gehört habe, habe sie ihr am Ende alles gestanden. Sie sei jetzt auch total froh, dass Philipp verhaftet worden sei, und hoffe, dass er für das, was er ihr und ihrer Mama angetan habe, hart bestraft werde.

Und jetzt?

Jetzt steht wieder mal Aussage gegen Aussage. Laura gegen Philipp.

Valentina selbst kann schließlich nur berichten, was Laura ihr erzählt hat – sie ist also keine unmittelbare Zeugin, sondern nur Zeugin vom Hörensagen, wir erinnern uns. Allerdings ist die vorliegende Konstellation doch eine andere als bisher, denn in diesem Fall steht der Aussage eines Erwachsenen die Aussage eines Kindes gegenüber. Insoweit stellt sich womöglich gleich zu Beginn die Frage, ob bei der Beweiswürdigung der beiden Aussagen zu differenzieren ist oder gegebenenfalls sogar Abstriche zu machen sind. Ist es nicht so, dass Kinder generell dazu neigen, Geschichten zu erfinden? Oder kann man der Aussage eines Kindes womöglich mehr Glauben schenken als der eines Erwachsenen? Immerhin heißt es doch: »Kindermund tut Wahrheit kund.« Zumindest was Sprichwörter angeht, spricht einiges für Lauras Aussage. Schließlich lautet eine weitere bekannte Volksweisheit: »Von Kindern und Narren kannst du die Wahrheit erfahren.« Wer kennt nicht diese unfreiwillig komischen Momente, wenn beispielsweise ein Kind seine Mutter fragt, warum die Frau da vor ihnen in der Schlange so dicke Beine wie ein Elefant habe?

Andererseits: Valentina war ihren mittlerweile verhassten Ehemann durch Lauras Aussage doch sehr effektiv losgeworden. Und man wird Philipp zugestehen müssen, dass Kinder ja tatsächlich nicht selten für Familienrechtsstreitigkeiten instrumentalisiert werden. Ist das Ende einer Beziehung nicht mehr aufzuhalten, kommt es regelmäßig zu Konflikten um Hab und Gut, aber auch um die Kinder. Der Umgang mit dem Kind wird als Machtmittel missbraucht, um den Ex-Partner für Betrug oder Fremdgehen zu verletzen – so, wie man selbst verletzt wurde. Dabei ist das Vorgehen meist recht gleichförmig: Zunächst wird das Kind durch Kontaktverbot vom anderen Elternteil isoliert, nicht selten mit familienrechtlicher Unterstützung. Parallel dazu wird das Kind mit gezielten Falschinformationen gefüttert (»Dein Papa/Deine Mama hat keine Zeit mehr für dich und will dich ins Internat stecken«), zudem wird der Ex-Partner gegenüber dem Kind abgewertet (»Dein Papa/Deine Mama liebt dich nicht und will dich nicht mehr sehen«). P.A.S. (Parental Alienation Syndrom) nennen die Fachleute ein solches manipulatives Entfremden eines Elternteils vom Kind. Der Ex-Partner wird als Ergebnis dieser Manipulation vom Kind zurückgewiesen, abgewertet und beschimpft. Dabei ist das Kind immer frei von Schuldgefühlen. Es blendet frühere positive Erlebnisse komplett aus und beschränkt sich auf negative Anschuldigungen, oft mit völlig absurden Begründungen, wie zum Beispiel, dass es immer den Müll runtertragen musste. Diese Ablehnung weitet sich auf das gesamte Umfeld des entfremdeten Elternteils aus: Das Kind beginnt, sowohl Großeltern als auch Freunde des Vaters/der Mutter abzulehnen, obwohl es zu diesen vor der Entfremdung eine positive Beziehung hatte. Umgekehrt ergreift das Kind reflexartig Partei für den beeinflussenden Elternteil.

Solcherlei Manipulationen der Kinder sind bei familiengerichtlichen Streitigkeiten traurigerweise an der Tagesordnung, wenn auch natürlich nicht immer in gleicher Intensität. Es beginnt mit Sprüchen wie »Sag deiner Mutter, dass sie genug Geld von mir bekommt, sie soll dir die teure Playstation ruhig kaufen!« oder »Dein Vater hat jetzt eine neue Frau und keine Zeit mehr für dich!« und kann so weit gehen, dass Kindern Gedanken, Gefühle, Wahrnehmungen oder Vorstellungen eingeredet werden, die es so nie gab – wie zum Beispiel eben falsche Erinnerungen an sexuellen Missbrauch! Suggestion heißt der Fachbegriff hierfür, eine alltägliche Technik, mit der einer Person unbewusst durch Befragung, Hinweise, Bemerkungen oder Erklärungen Informationen vermittelt werden, die nicht ihrer eigenen Wahrnehmung entstammen, die sie aber trotzdem in ihr Gedächtnis übernimmt. Man könnte auch einfach sagen: Gedanken- oder Willensbeeinflussung.

Bestes Beispiel ist der Placeboeffekt, also die Behandlung von Krankheiten mit Scheinmedikamenten ohne jegliche pharmakologische Wirkung. Ist man selbst jedoch fest von deren Wirksamkeit überzeugt, dann geht es einem gleich viel besser – auch wenn die Pille in Wirklichkeit bloß aus Zucker besteht. Die Homöopathie lässt grüßen. Auch Werbung beruht ganz maßgeblich auf Suggestion: Man nimmt sie ganz beiläufig wahr, misst ihr eigentlich keine Bedeutung bei, aber am Ende landen dann doch genau die beworbenen Produkte im Einkaufswagen – irgendwie hat man eben positive Assoziationen dazu.

Und was bei Erwachsenen funktioniert, funktioniert bei Kindern noch viel besser. Denn bei Kindern ist die Suggestibilität, also die Empfänglichkeit für Beeinflussung, deutlich erhöht. Aufgrund ihrer geringen Lebenserfahrung, ihrer Neugier und ihrer mangelnden Skepsis gegenüber Informationen, die ihnen von Erwachsenen als wahr präsentiert werden, bilden sie einen idealen Nährboden für suggestive Beeinflussung. Das haben nicht zuletzt vielfache, durch spektakuläre Missbrauchsprozesse in den Achtziger- und Neunzigerjahren ausgelöste Studien gezeigt, bei denen vor allem die Beeinflussung der Kinder durch »Aufdeckungsarbeit« untersucht wurde. In Deutschland sorgten der sogenannte Montessori-Prozess und die Wormser Prozesse für großes Aufsehen, bei denen ein

Kindergärtner beziehungsweise ein Vater im Zuge eines Sorgerechtsstreits fälschlich des sexuellen Missbrauchs bezichtigt wurden, nachdem man den Kindern wiederholt Suggestivfragen gestellt hatte. Dass sich mithilfe suggestiver Fragetechnik falsche Erinnerungen erzeugen lassen, ist dabei schon seit Anfang des 19. Jahrhunderts bekannt – schließlich resultiert eine Aussage immer auch aus dem Zusammenspiel von Erinnerungsbemühungen der vernommenen Person einerseits und Befragungsverhalten der Verhörperson andererseits. Nur hatte man damals wohl nicht für möglich gehalten, welche Dimensionen Fälle annehmen können, in denen die abenteuerlichsten Missbrauchsbeschuldigungen aus den Aussagen befragter Kinder abgeleitet werden – oder was für ein gewaltiger Schaden mit suggestiv erzeugten Falscherinnerungen angerichtet werden kann. Denn das Phänomen der Suggestion widerspricht in diesem Ausmaß der menschlichen Intuition, aber ich versichere Ihnen: absichtlich und unabsichtlich erzeugte falsche Erinnerungen sind keine Ausnahme, sondern vielmehr allgegenwärtig. Wir merken es nur meistens nicht! Im Alltag werden schwächere Formen von Suggestion sogar regelmäßig ganz unterbewusst genutzt, weil man grundsätzlich danach strebt, die eigene Meinung bestätigt zu wissen.

Typische Suggestivfragen sind beispielsweise:

Vorhaltfragen mit vorausgesetzten Fakten: »Hast du gesehen, wie er das *gestohlene* Geld eingesteckt hat?« Es wird also bereits durch die Frage impliziert, dass es sich um Diebstahl handelt, was der Befragte zuvor vielleicht gar nicht so wahrgenommen oder interpretiert hatte. Wird er womöglich ein paar Tage, Wochen oder Monate später befragt, ist er sich dann meist sicher, einen Dieb-stahl beobachtet zu haben.

Auswahlfragen statt offener Fragen: »War das Auto *rot* oder *schwarz?*« Dem Befragten wird gar keine andere alternative Antwortmöglichkeit gelassen. Es verhält sich bei dieser Suggestionsart ein bisschen wie bei dem beliebten Psychologenwitz: »Denken Sie jetzt bitte nicht an einen rosa Elefanten!« Die befragte Person hat den rosa Elefanten eben doch vor Augen – oder das rote oder schwarze Auto, auch wenn das Fahrzeug in Wirklichkeit gelb war.

Fragen, in welchen die verfolgte Absicht bereits zum Ausdruck kommt (sogenannte Illokution): »Den Schuss hast du ja *sicher gehört?!*« Hierbei wird angedeutet, dass es nur eine einzige richtige Antwort gibt, und ein ent-sprechender Erwartungsdruck auf den Befragten ausge-übt. Intuitiv ist er bemüht, die Erwartung zu erfüllen, erst recht, wenn es sich bei dem Fragenden um eine Autori-tätsperson handelt wie einen Polizisten oder die eigenen Eltern. Er gibt also unbewusst eher die sozial erwünschte Antwort, welche sich in der Folge auch als Scheinerinne-rung verfestigen kann.

Fragen, die eigene Wertungen enthalten: »Wie schnell ist X gerannt, als du ihn aus dem Laden *flüchten* sahst?« Dem Befragten wird ähnlich wie bei Vorhaltfragen eine Information in den Mund gelegt, die er so vielleicht gar nicht wahrgenommen hatte. Für kleine Kinder sind Erwachsene meist unbegrenzt glaubwürdig, deshalb gehen sie während der Befragungen grundsätzlich davon aus, dass das, was der Erwachsene fragt, vernünftig und wahr ist.

Werden solche Suggestivfragen zusätzlich auch noch kompliziert formuliert, indem der Fragende zum Beispiel verschachtelte Sätze benutzt, kann das dazu führen, dass Kinder aufgrund ihres eingeschränkten Sprachverständnisses die Frage schlicht falsch oder gar nicht verstehen. Andererseits können Äußerungen der Kinder aber auch wegen ihrer begrenzten verbalen Fähigkeiten fehlinterpretiert werden.

Das Gedächtnis lässt sich aber nicht nur durch suggestive Fragestellungen beeinflussen, sondern auch durch andere Verhaltensweisen des Befragenden. Auch die stetige Wiederholung von Fragen führt oft zu Antwortveränderungen, da vor allem Kinder argwöhnen, dass die vorherige Antwort »falsch« gewesen sein muss, da sonst nicht noch einmal danach gefragt werden würde. Ebenso effektiv ist die (wahre oder unwahre) Behauptung des Fragenden, andere Personen hätten bereits von einem bestimmten Ereignis erzählt. Gibt man dann darüber hinaus zu erkennen, dass deren Aussage mit einer positiven Reaktion verknüpft war, so erhöht sich der Druck auf den Befragten, ebenfalls entsprechend auszusagen, zum Beispiel »Dein Bruder hat ne richtig tolle Aussage gemacht«.

Und auch aus der Befragung selbst kann er anhand der Reaktionen des Fragenden lernen, welche Antwort die »richtige« ist: Wenn erwartungsgemäße Antworten positive Reaktionen auslösen (zum Beispiel Zuwendung oder explizites Lob wie etwa »Gut gemacht«, »Ja, genau« etc.), während unerwünschte Angaben des Aussagenden ignoriert oder negativ kommentiert werden, erfolgt eine systematische Konditionierung mit der Folge, dass zunehmend die erwarteten Inhalte berichtet werden.

Häufig kommt es gerade bei der Befragung von Kindern auch vor, dass der Fragende dazu auffordert, darüber nachzudenken, wie es denn gewesen sein könnte, wenn nicht die erwünschten Antworten gegeben werden. Mit Konjunktivfragen wie »Überleg doch mal, was könnte X denn noch mit dir gemacht haben?« wird das Kind explizit zum Konfabulieren aufgefordert, sodass am Ende nicht mehr zwischen tatsächlicher Erinnerung und ausgedachten Angaben unterschieden werden kann.

Klingt Ihnen das noch zu theoretisch?

Hier ein Beispiel: Im Rahmen einer Studie, bei der untersucht werden sollte, ob sich die Aussage von Zeugen verändert, wenn ihnen zu einer eigenen Wahrnehmung nachträgliche Informationen gegeben werden, wurde Testpersonen zunächst ein Film über einen Verkehrsunfall gezeigt. Danach wurden sie nach der geschätzten Geschwindigkeit der beiden darin kollidierenden Fahrzeuge gefragt. Die Teilnehmer, welche nach der Geschwindigkeit beim »Zusammenkrachen« der Fahrzeuge gefragt wurden, gaben deutlich höhere Schätzwerte an als die nach dem »Zusammenstoß« der Fahrzeuge befragten. Den Probanden wurde also eine Suggestivfrage (um genau zu sein, eine Vorhaltfrage, vgl. oben) gestellt, die bereits durch ihre Formulierung eine bestimmte Antwort nahelegte. Das war aber noch nicht alles. Nach einer Woche schloss sich die Frage an, ob die Testpersonen zerbrochenes Glas gesehen hätten. Im Film hatte es keinerlei Hinweise darauf gegeben. Im Ergebnis beantworteten jedoch zahlreiche Versuchspersonen, bei denen das Wort »Zusammenkrachen« in der Frageformulierung vorgekommen war, die Frage mit Ja. Dies war bei der anderen Testgruppe nur bei 7 Prozent der Befragten der Fall.

Das Experiment konnte zeigen, dass – lediglich von Plausibilitätsgesichtspunkten geleitet – ein nicht unwesentlicher Teil der Probanden im Nachhinein ein nicht reales Element in ihre Erinnerungen eingefügt hatte. Die nachträgliche Information entfaltete also eine starke suggestive Wirkung und war dazu geeignet, den Erinnerungsbericht der Probanden zu verfälschen.

Jetzt können Sie sich vielleicht etwas besser vorstellen, wie weit die Macht der Suggestion gehen kann. Mit zunehmender Häufigkeit suggestiver Befragungen und vergrößertem zeitlichen Abstand können dem Gedächtnis beträchtliche Verzerrungen induziert werden – vor allem dann, wenn man beispielsweise als Elternteil tagein, tagaus Kontakt mit dem Kind und damit entsprechende Einwirkungsmöglichkeiten hat. Das gilt selbst für Erinnerungen an persönlich bedeutsame Ereignisse, und sogar komplett falsche Erinnerungen lassen sich durch Suggestion erzeugen. Die suggerierten (falschen) Ereignisse werden dann als authentisch Erlebtes in das Gedächtnis integriert, tatsächliche oder vergessene Erinnerungen quasi wie bei einer Festplatte überschrieben.

Wie gut das funktioniert, zeigte übrigens ein gezieltes Experiment im Jahr 1995. Dabei wurden zunächst 106 Kinder nach dem Zufallsprinzip in vier Gruppen aufgeteilt. Jeder dieser vier Gruppen stattete ein Fremder namens Sam Stone einen Besuch ab. Dabei verhielt sich Sam Stone immer gleich: Zuerst betrat er den Klassenraum und begrüßte die Lehrerin, die ihn den Kindern vorstellte. Sam Stone erzählte daraufhin, dass die

Geschichte, die die Lehrerin kurz zuvor den Kindern vorgelesen habe, seine Lieblingsgeschichte sei. Dann wanderte er ein bisschen im Zimmer hin und her. Schließlich ging er und winkte den Kindern zum Abschied zu. Sonst passierte nichts.

Den Kindern der ersten Gruppe gab man weder vor noch nach dem Besuch irgendwelche Informationen über Sam Stone. Nach dem Besuch wurden sie auf neutrale Art über den Besuch befragt. Dabei wurde nicht versucht, sie zu beeinflussen. Die Kinder der zweiten Gruppe hingegen erhielten vorher Informationen über Sam Stone und seine Persönlichkeit. Er wurde ihnen als tollpatschig beschrieben, ihm würde immer wieder einmal etwas herunterfallen und kaputtgehen, ansonsten sei er aber ganz okay. Auch die Kinder dieser zweiten Gruppe wurden nach Sam Stones Besuch auf neutrale Art darüber befragt. Den Kindern der dritten Gruppe wurde nichts über Sam Stone erzählt, sie wurden lediglich befragt, diesmal jedoch nicht in neutraler Form, sondern indem man versuchte, den Kindern einzureden, dass Sam Stone bei seinem Besuch ein Buch zerrissen und einen Teddybär beschmutzt habe. Zu diesem Zwecke wurden den Kindern suggestive Fragen gestellt wie etwa: »Dass Sam Stone den Bär dreckig gemacht hat, war das Absicht oder ein Versehen?«, oder auch: »War Sam Stone fröhlich oder traurig, als er den Bär dreckig gemacht hat?« Bei der vierten Gruppe bekamen die Kinder sowohl von der vermeintlichen Tollpatschigkeit Sam Stones berichtet als auch suggestive Fragen gestellt. Am Ende des Experiments mussten die Kinder aller vier Gruppen einem der Wissenschaftler von Sam Stones Besuch erzählen. Anschließend wurden sie gefragt, ob sie von dem Beschmutzen des Teddys und dem Zerreißen des Buchs gehört hätten, und zuletzt, ob sie es auch selbst gesehen hätten.

Beim freien Erzählen machte kein Kind aus der ersten Gruppe falsche Angaben über den Besuch. Auf die konkrete Frage bezüglich des Buchs und des Teddys sagten 10 Prozent der Kinder, dass da irgendetwas gewesen sei, jedoch nur 5 Prozent gaben an, dass sie es auch tatsächlich gesehen hätten. Als der Wissenschaftler Zweifel äußerte, beharrte nur noch ein Kind darauf, etwas gesehen zu haben.

Bei der zweiten Gruppe machten die Kinder beim freien Erzählen zwar ebenfalls keine falschen Angaben, als sie jedoch direkt gefragt wurden, ob Sam Stone den Teddy beschmutzt oder das Buch zerrissen habe, sagten 37 Prozent, dass dies passiert sei. 18 Prozent sagten, sie hätten es selbst gesehen. Als der Wissenschaftler dies bezweifelte, blieben noch 10 Prozent bei ihrer Aussage.

Bei der dritten Gruppe bestand bereits beim freien Erzählen etwa ein Viertel der Kinder darauf, dass Sam den Teddy beschmutzt oder das Buch zerrissen habe. Auf die direkte Nachfrage hin sagte sogar über die Hälfte der Kinder, dass Sam dies getan habe. Ganze 35 Prozent wollten es mit eigenen Augen gesehen haben. Noch 12 Prozent der Kinder beharrten auf ihrer falschen Aussage, nachdem diese von dem Wissenschaftler bezweifelt worden war.

Bei den Kindern der vierten Gruppe äußerten bereits beim freien Erzählen fast 50 Prozent, dass Sam den Teddy beschmutzt oder das Buch zerrissen habe. Fast drei Viertel gaben auf Nachfrage an, dass Sam es getan habe, wobei knapp die Hälfte der Kinder behauptete, dies sogar selbst gesehen zu haben. Über ein Viertel der Kinder bestand weiterhin auf dieser Darstellung, auch nachdem sie von dem befragenden Wissenschaftler bezweifelt worden war.

Nun stellen Sie sich einfach einmal vor, man würde das Beschmutzen des Teddys gegen »küssen« und das Zerreißen des Buchs gegen »Hände am Po« ersetzen. Und was, wenn die Kinder dann nicht einem Wissenschaftler, sondern der Polizei oder einem Gericht über Sam Stone hätten erzählen sollen? Zumindest bei einem Kind der vierten Gruppe säße Sam Stone dann vermutlich völlig unschuldig in Untersuchungshaft!

Sie verstehen sicherlich, auf was ich hinauswill. Schon Erwachsene sind gegen suggestive Einflüsse keinesfalls immun, und das gilt für Kinder erst recht. Ergebnisse aus der aussagepsychologischen Forschung belegen recht eindrucksvoll, dass suggestive Einflussnahme – gleich ob beabsichtigt oder unbeabsichtigt – erhebliche Auswirkungen auf das menschliche Gedächtnis und damit auch auf Zeugenaussagen haben kann. Und derartige Suggestionsversuche – gerade auch im Zusammenhang mit Kindesmissbrauch und Scheidung – sind ja mitnichten nur auf Befragungen und Vernehmungssituationen beschränkt. Denn bevor es überhaupt zu einer Vernehmung durch Polizei, Jugendamt oder Familienrichter kommt, kann bereits einiges an Beeinflussung vonseiten der Eltern beziehungsweise eines Elternteils erfolgt sein, von Versprechungen, Bitten oder Drohungen bis hin zu Versuchen, dem Kind seine vorhandene Erinnerung aktiv auszureden oder stattdessen einen ganz anderen Geschehensablauf einzureden.

Leider wird gerade bei Sorge- und Familienrechtsstreitigkeiten mittlerweile regelmäßig nicht mehr davor zurückgeschreckt, sich auf die Suche nach möglichem sexuellen Missbrauch der Kinder zu machen, um allein mit diesem Verdacht das Verfahren für sich zu entscheiden. Der Vorsitzende des Deutschen Familiengerichtstages gab vor einigen Jahren bekannt, dass in jedem zweiten Nachscheidungskonflikt ein Partner des sexuellen Missbrauchs verdächtigt wurde – eine erschreckend hohe Zahl. Und obwohl es sich dabei sicherlich nicht in allen Fällen um den böswilligen Versuch handelt, dem Ex-Partner zu schaden, ist dieses Vorgehen dennoch von erheblichem Erfolg gekrönt. Denn das Kindeswohl steht im deutschen Familienrecht stets an erster Stelle; bei Verdacht auf Missbrauch wird jeglicher unüberwachter Kontakt zu dem beschuldigten Elternteil vorerst unterbunden – Unschuldsvermutung hin oder her und gleich, wie schlüssig oder unschlüssig die Vorwürfe sein mögen. Bis zum Abschluss der Ermittlungen – was mehrere Monate bis hin zu Jahren dauern kann – bleibt das Kind erst mal bei dem Elternteil, welches den schrecklichen Verdacht »aufgedeckt« hat.

Beliebte Ziele von Falschbeschuldigungen im Rahmen von familienrechtlichen Auseinandersetzungen sind entweder der Vater oder der neue Partner der Mutter. Nach meiner Erfahrung stellt sich in nahezu allen Verfahren dieser Art die Unschuld des Beschuldigten heraus. Es erscheint objektiv auch wenig wahrscheinlich, dass ein zuvor nie auffällig gewordener Mann ausgerechnet mitten in einem Sorgerechtsstreit seine inzestuös-pädophile Seite entdeckt und sich mit hohem Entdeckungsrisiko am eigenen Kind vergreift. Aber die noch so geringe Möglichkeit, dass es eben doch einmal so sein könnte und »Warnungen ignoriert« wurden, hält die Staatsanwaltschaften davon ab, solcherlei Vorwürfe vorschnell einzustellen. Besser Vorsicht als Nachsicht, lautet in einem solchen Fall die Devise – andererseits liegt das Leben der fälschlich beschuldigten Männer danach meist in Trümmern, ihr Ruf ist häufig für immer beschmutzt, die Beziehung zum Kind irreparabel zerstört. Nur hinter vorgehaltener Hand ist aus Justizkreisen zu vernehmen, dass es sich bei diesen Verfahren nahezu immer um faktische Falschbeschuldigungen handelt – seien sie nun taktisch eingesetzt oder irrationalen Sorgen entsprungen. Die Akteure der suggestiven Befragung bleiben dabei regelmäßig unbehelligt. Angesichts der in der Öffentlichkeit mit unbeweisbaren Zahlen einer vermeintlich immensen »Dunkelziffer« geschürten Angst vor den meist männlichen Tätern in nahezu jeder Familie erscheint eine sachliche Auseinandersetzung mit dem Thema Falschbeschuldigungen im Zusammenhang mit Kindesmissbrauch indes kaum oder gar nicht möglich, auch wenn dies gerade in familienrechtlichen Verfahren dringend notwendig wäre.

Unser vorliegender Fall ist freilich etwas anders gelagert. Laura ist mit 13 Jahren kein kleines Kind mehr, und wenn man Valentina Glauben schenken mag, wurde sie ja nur ein einziges Mal von ihr vorbefragt. Dennoch ist in der Konstellation Aussage gegen Aussage eine ganz besonders vorsichtige Beweiswürdigung zu betreiben, wie wir ja inzwischen wissen. Es müsste also zunächst ausgeschlossen werden, dass Valentina ihre Tochter

Laura bewusst oder unbewusst in ihrem Aussageverhalten beeinflusst haben könnte. Doch das ist nicht die einzige Frage, die man sich hier stellen muss. Denn Willensbeeinflussungen können nicht nur auf fremder Beeinflussung beruhen, sondern ebenso gut auf Selbstbeeinflussung, der sogenannten Autosuggestion.

Jeder von Ihnen hat sicherlich schon von autogenem Training gehört, bei dem es sich im Grunde um nichts anderes handelt: Durch das Aufsagen gedanklicher Formeln wie etwa »Ich bin ganz ruhig« oder »Meine Arme und meine Beine sind ganz warm« lässt sich dafür sorgen, dass während der Übung tatsächlich Ruhe empfunden wird oder es sich warm anfühlt und so der Körper entspannt und man im besten Falle die beabsichtigte Tiefenentspannung erreicht. Oder denken Sie zurück an den Placeboeffekt. Bereits im 19. Jahrhundert bemerkte der französische Apotheker Émile Coué, dass die Wirkung der Medikamente, die er seinen Kunden gab, davon beeinflusst wurde, mit welchen Worten er sie ihnen überreichte. Aus dieser Beobachtung entwickelte er den Gedanken, dass jeder Mensch sein Wohlbefinden steigern könne, indem er sich selbst Suggestionsformeln vorsage. Heute ist daraus ein riesiger Markt geworden. »Ich schaffe das!«, »Tschakka« oder auch nur der abgedroschene Werbespruch »Nichts ist unmöglich« sind beste Beispiele für autosuggestive Prozesse, durch die eine Person ihr Unbewusstes trainieren kann, an etwas zu glauben. Wirksamkeit durch »mentale Visualisierungen des angestrebten Ziels« sagen die Fachpsychologen dazu, wobei der Erfolg der Autosuggestion umso wahrscheinlicher wird, je öfter und je länger sie angewendet wird.

Oder anders gesagt, der Gedanke wird so oft und so lange wiederholt, bis er zum festen Bestandteil des Unterbewusstseins geworden ist.

Ich erlebe das übrigens ganz häufig gerade bei Tätern von Sexual- und Tötungsdelikten. Dadurch, dass diese Art von Verbrechen nicht nur gesetzlich, sondern auch sittlich und moralisch auf unterster Stufe steht, neigen die Täter oftmals dazu, sich trotz eindeutiger Beweislage einfach einzureden, dass sie unschuldig seien – selbst wenn sie noch so beweiskräftig überführt wurden. Das tun sie so lange, bis sie selbst an ihre eigene Unschuld glauben, auch wenn sie sich dazu der abwegigsten und abstrusesten Theorien bedienen müssen. Absoluter Dauerbrenner dabei ist die Behauptung, die aufgefundenen DNA-Spuren des Täters seien von der Polizei am Tatort platziert worden.

Bei vermeintlichen Missbrauchsopfern, deren Aussagen vor Gericht beurteilt werden müssen, rühren autosuggestive Prozesse allerdings nicht von einem schlechten Gewissen her, wie das bei Sexualstraftätern oder Mördern der Fall ist, sondern häufig von einem schlechten psychischen Befinden. Bei sogenannten Traumapatienten kann es beispielsweise durch eine intensive Beschäftigung mit der Problematik und die gezielte gedankliche Befassung mit der Frage eines vermeintlich in der Vergangenheit erlittenen Missbrauchs – wozu sie oft seitens ihrer Therapeuten aktiv animiert werden – zur Generierung von Bildern und Geschehensabläufen kommen, die in der Realität so nie stattgefunden haben. Diese visualisierten, zuvor nicht vorhandenen Erinnerungen können dabei als derart real empfunden werden, dass sie als »Beweis« für mögliche Missbrauchsszenarien zur Verfügung stehen. Bei Personen mit der sogenannten Borderline-Persönlichkeitsstörung dagegen kann es infolge von Stimmungsschwankungen nachträglich zu ganz erheblichen Umwertungen von Interaktionen mit anderen Personen kommen. So können sich aufgrund einer nicht kontrollierbaren Wut derart extreme autosuggestive Prozesse in Gang setzen, dass tatsächlich nicht erlebnisbasierte Scheinerinnerungen entstehen, die dann für wahr gehalten werden! Bei Kindern ist die Gefahr solcher oder ähnlicher autosuggestiver Prozesse noch deutlich ausgeprägter. Oder erinnern Sie sich nicht mehr an lebhafte Albträume, in deren Folge Sie davon überzeugt waren, Monster hätten sich unter Ihrem Bett eingenistet, um Ihnen allabendlich Angst einzujagen?

Das alles mag für Sie jetzt mehr oder weniger plausibel klingen; trotzdem wird man sich wohl zumindest darauf einigen können, dass die angesprochene Problematik suggestiver Prozesse nicht gänzlich von der Hand zu weisen ist. Gerade bei Missbrauchsfällen, wo es regelmäßig um bis zu 15 Jahre Gefängnis geht, darf diese Erkenntnis im Rahmen der richterlichen Beweiswürdigung nicht unbeachtet bleiben. Das gilt erst recht bei familiengerichtlichen Prozessen, in welchen die Kinder von den streitenden Parteien geradezu regelmäßig instrumentalisiert werden – Kinder, deren überproportionale Anfälligkeit für suggestive Beeinflussung erwiesen ist.

Aber jetzt kommt das große Problem bei all diesen Fällen: Sobald ein Mensch einer falschen Erinnerung erliegt, hält er den vermeintlich erinnerten Sachverhalt für wahr. Damit wirkt aber auch seine auf diesen Schein-

erinnerungen basierende Aussage grundsätzlich glaubhaft. Die Ihnen aus dem Kapitel 5 »Lügen haben schöne
Beine« bekannte inhaltliche Untersuchung einer Aussage auf ihre Qualität wird hier also kaum weiterhelfen,
denn damit kann allenfalls geprüft werden, ob der Aussagende bewusst Informationen von sich gibt, die er für
unwahr hält. Sie erinnern sich: Die Glaubhaftigkeitsanalyse geht von der These aus, dass eine erfundene Aussage so hohe Anforderungen an die Gedächtnisleistung
stellt, dass der Lügende regelmäßig eine sehr schlanke
Schilderung abgeben wird, mit wenigen Details und keinen großen Ausschweifungen, um sich möglichst wenig
merken zu müssen. Darüber hinaus wird der Lügende
in seinem Bemühen, überzeugend zu erscheinen, alles
unterlassen, was seine Glaubwürdigkeit infrage stellen
könnte – also keine Erinnerungslücken eingestehen und
auch keine Fehler bei sich selbst suchen. Dies alles trifft
auf Zeugen unter dem Einfluss suggestiver Scheinerinnerungen gerade nicht zu. Wer subjektiv davon überzeugt ist, die Wahrheit zu sagen, der befindet sich ja
letztlich in derselben Situation wie ein ehrlicher Zeuge,
der aus der Erinnerung ein tatsächlich erlebtes Geschehen wiedergibt. Die scheinerinnerte Aussage wird also
auch eine ähnlich hohe Qualität aufweisen. Die gängige
Methode der Gerichte, Aussagen im Wege der Inhaltsanalyse zu überprüfen und zu würdigen, hilft der Wahrheitsfindung im Falle von Scheinerinnerungen folglich
nicht weiter.

Wer aber nun denkt, dass sich die Gerichte bei ihrer
Beweiswürdigung besonders dezidiert mit der Sugges-
tionsproblematik auseinanderzusetzen pflegen, der irrt:

Aussagen, die mit Suggestion »infiziert« oder »verunreinigt« wurden, werden im Gegenteil meist gar nicht erst als solche erkannt. Derartige vom Zeugen subjektiv als wahr empfundene Falschaussagen werden oft als besonders glaubhaft bewertet und dienen nicht selten als Grundlage für verhängnisvolle Fehlurteile. Vielen Juristen fehlt anscheinend die Vorstellungskraft, um wirklich in Betracht zu ziehen, dass Zeugen in einem Maße auto- oder fremdsuggerierten Einflüssen ausgesetzt sein könnten, dass sie ihre Realitätsüberwachungsfähigkeiten verlieren und »Opfer« der Vermischung von Vorstellung und Wirklichkeit werden.

Und auch die Aussagepsychologie sieht sich nicht in der Lage, suggerierte Aussagen von erlebnisfundierten zu unterscheiden. Wie gesagt: Eine suggerierte Aussage wird von der Aussageperson mit derselben Überzeugung vermittelt wie die erlebnisfundierte Aussage. Gerade bei der Vermischung von Realität und Fantasie versagen die aussagepsychologischen Methoden, um die Spreu (Fantasie) vom Weizen (Realität) zu trennen. Einzige Möglichkeit ist, eventuelle Fehlerquellen bei der Aussageentstehung zu erkennen und aufzuzeigen, indem man die Aussage bis zu ihrem Entstehungszeitpunkt zurückverfolgt und sodann chronologisch aufarbeitet, inwiefern sie sich aufgrund suggestiver Einflüsse verändert haben könnte. Man geht also vom frühesten feststellbaren Aussageinhalt aus und untersucht die Aussage dann im zeitlichen Verlauf auf Veränderungen, welche man dann wiederum gegebenenfalls auf suggestive Einflüsse zurückzuführen versucht. Wenn dies gelingt – so zumindest die Meinung der Aussagepsychologen –, kann man den Wandel in der Aussage als auf einer Suggestion beruhend enttarnen und folglich den ursprünglichen, wahren Aussagegehalt rekonstruieren.

Ein Unterfangen, das nicht nur nach ziemlich viel Aufwand klingt, sondern auch eine umfangreiche Bestandsaufnahme dahingehend erfordert, wann, unter welchen Bedingungen, aus welchem Anlass und wem gegenüber in der Vergangenheit eine Aussage gemacht wurde, wie die Adressaten der Aussage daraufhin reagiert haben und ob und welche Fragen sie zum betreffenden Sachverhalt gestellt haben könnten. Sie ahnen es bereits: In der Theorie vielleicht schlüssig und fundiert, in der Praxis sieht das leider anders aus. Zumal es überhaupt erst Anlass geben muss, einen Verdacht auf mögliche Suggestionseinflüsse bei der infrage stehenden Aussage zu entwickeln. Kurzum: Es steht zu vermuten, dass suggerierte Aussagen sehr oft unerkannt bleiben.

Unter dieser Prämisse möchte man womöglich gar nicht erst mutmaßen, wie der Fall rund um Philipp, Valentina und Laura ausgegangen wäre, hätte Philipp seine Beteuerungen, Laura müsse sich das alles eingebildet haben, nicht schwarz auf weiß mit seinem Handy belegen können. Schließlich habe Laura ihm ständig überaus freundliche Kurznachrichten geschickt, oftmals noch garniert mit Herzchen und Küsschen. Und tatsächlich: »Ich lieb dich so, mein heißer Tennislehrer!«, hatte Laura ihm noch wenige Tage vor seiner Festnahme geschrieben. Eine der wenigen von Lauras SMS, die Philipp überhaupt noch auf dem Handy gespeichert hatte, denn er habe aus Angst vor Valentina die Nachrichten ihrer Tochter grundsätzlich fast alle gelöscht – nur um

Laura zu schützen, wie er mehrfach beteuerte. Es schien also durchaus zu stimmen, was Philipp zu Protokoll gegeben hatte. Womöglich hatte sich Laura tatsächlich ausgerechnet in denselben Mann wie ihre Mutter verliebt. Nicht auszuschließen, dass Laura sich in einer pubertären Phase da etwas eingebildet hatte, wo nichts war und vor allem auch nichts sein durfte. Schließlich hätte Philipp nicht nur ihr Vater sein können, er war zudem ein Erwachsener und sie noch ein Kind.

Und ist es bei der Liebe nicht oft so, dass wir uns irgendwelche Gefühle einreden, wo keine sind? Da scheint es doch durchaus möglich, dass Laura sich auch all das andere schlicht und ergreifend selbst eingeredet hatte: die Berührungen. Der Kuss. Der Penis an ihrem Po. Von der Möglichkeit, dass auch ihre Mutter ihr das Ganze aufgrund der Familienrechtsstreitigkeit mit Philipp eingeredet, also suggeriert haben könnte, ganz abgesehen. Für eine Einstellung des Verfahrens wegen mangelnden Tatverdachts würde in so einem Fall entsprechend den Regeln der Unschuldsvermutung jedenfalls ausreichen, wenn für die Entstehung von Lauras Aussage die Suggestionshypothese nicht mit der im forensischen Kontext gebotenen Sicherheit ausgeschlossen werden könnte. Alles andere wäre eine lückenhafte Beweiswürdigung (vgl. Kapitel 4 »Reden ist Silber, Schweigen ist Gold«).

Die von Philipp vorgelegte Kurznachricht schien Laura bei ihrer richterlichen Vernehmung zumindest ins Wanken zu bringen. Auf die Nachfrage des Richters, ob sie denn – wie in der SMS geschrieben – tatsächlich in ihn verliebt gewesen sei, blickte Laura verschämt auf den Boden, fing an zu weinen und rannte ungefragt aus dem

Vernehmungsraum. Der Ermittlungsrichter machte erst gar keine Anstalten, sie wieder »einzufangen«. Er schloss die Akten, blickte in die Runde und sagte: »Ich habe keine Fragen mehr.« Philipp wurde sofort aus der Untersuchungshaft entlassen. Einen Tag später flatterte die Einstellungsverfügung des Staatsanwalts ins Haus, zusammen mit dem schriftlich ausformulierten richterlichen Beschluss, dass der Haftbefehl gegen Philipp aufgehoben wurde, und einem Merkblatt, dass ihm eine Entschädigung von 25 Euro für jeden angefangenen Tag der zu Unrecht erlittenen Untersuchungshaft zustehe.

Also Ende gut, alles gut?

Für Philipp wohl allemal. Ein paar Monate später kam er mit einer Kiste Wein vorbei und bedankte sich für den glimpflichen Ausgang des Strafverfahrens. Die Scheidung, so sagte er, sei nach Einstellung des Strafverfahrens ganz in seinem Sinne verlaufen. Valentina habe sich auf Druck der Familienrichterin außergerichtlich mit ihm geeinigt. Von dem Zugewinnausgleich habe er sich gleich mal einen neuen Porsche gekauft. Das mit Laura tue ihm allerdings leid, jetzt nach Abschluss des Verfahrens könne er da ja ganz offen sein. Laura habe tatsächlich die Wahrheit gesagt, ihrer beider Liebe habe durchaus auf Gegenseitigkeit beruht. Nur die Geschichte mit dem vermeintlichen Missbrauch am Abend ihres 13. Geburtstages habe nicht ganz gestimmt: »Ich habe mich nicht an ihr gerieben, wir hatten da richtigen Sex.«

DER FALSCHE TÄTER

Zum Ende dieses Buches will ich Ihnen von einem Fall erzählen, in den einer meiner engsten Freunde verwickelt war. Das hat mir Max von sich aus angeboten, denn bis heute noch beschäftigt ihn die quälende Frage des Warum.

Dabei hatte die Sache mit einer völlig trivialen Nichtigkeit begonnen. Max war wie so oft nach der Arbeit zum Joggen gegangen. Von der Haustür unserer gemeinsamen WG aus führte ihn seine übliche Laufroute über die Kreuzung zweier stark befahrener Hauptstraßen zu einem Park, in welchem man seinem Bewegungsdrang im wahrsten Sinne des Wortes freien Lauf lassen kann. Just beim Überqueren der besagten Kreuzung wurde er dann von einem links abbiegenden Fahrzeug brüsk geschnitten und fast überfahren. Max rief so etwas wie »He, was soll das?« und klopfte dem vorbeifahrenden Wagen an das linke hintere Seitenfenster, um den Fahrer auf sein rücksichtsloses Verhalten aufmerksam zu machen – natürlich ohne dabei dem Fahrzeug irgendeinen Schaden zuzufügen. Damit hätte es, zumindest aus Max' Sicht, sein Bewenden gehabt, doch nicht so für den offenbar leicht reizbaren Autofahrer. Der schien – warum auch immer – dermaßen erbost über den Vorfall, dass er sofort anhielt, ausstieg und schreiend mit geballten Fäusten auf Max zustürmte. Max ahnte bereits, dass dieser »Diskussion« besser aus dem Weg zu gehen war, und joggte einfach weiter. Aber er hatte nicht mit der Entschlossenheit des erzürnten Fahrers gerechnet. Nur wenige Meter weiter, vor dem Ladenlokal eines kleinen Pizza-Lieferservices, wurde Max völlig überraschend von dem Fahrer gestellt und erst mal mit zwei mächtigen Faustschlägen ins Gesicht niedergestreckt. Noch ehe er wieder aufstehen konnte, begann der Täter, brutal auf ihn einzutreten. Er versetzte Max fluchend zwei kräftige Fußtritte, einen in die Magengrube, den anderen gegen den Kopf. Letzterer traf Max besonders hart, da er sich in Erwartung eines weiteren Tritts in den Bauch beide Hände schützend vor den Körper gehalten hatte. Nur zu gern hätte der Täter so weitergemacht, doch inzwischen war Max ein Fremder zu Hilfe geeilt: Der Pizzabäcker aus dem angrenzenden Ladenlokal hatte sich zwischen die beiden Männer geworfen, um Schlimmeres zu verhindern. Von so viel Zivilcourage sichtlich irritiert, ließ der wildgewordene Angreifer von Max ab und ergriff ebenso schnell, wie er gekommen war, die Flucht. Der freundliche Pizzabäcker leistete meinem übel zugerichteten Freund sofort Erste Hilfe. Er nahm seine Schürze ab, legte sie dem noch immer am Boden liegenden Max zusammengefaltet unter den Kopf, drückte ihm ein paar Papierservietten aus dem Laden auf die Kopfwunde und rief mit seinem Handy Notarzt und Polizei. Und wäh-

renddessen merkte sich Max' Retter auch noch geistes-
gegenwärtig die Autonummer des Täters, sodass dieser
schnell ermittelt werden konnte.

Im Krankenhaus diagnostizierte man bei Max neben
einer Kopfplatzwunde eine mittelschwere Gehirnerschüt-
terung. Beides war aber gut zu behandeln, Max' Wunden
waren bald völlig verheilt, und auch psychisch steckte er
die sinnlose Gewalttat gut weg. Doch einige Wochen später kam er sichtlich aufgebracht vom Einkaufen in die
WG zurück. Er erzählte mir, dass er den brutalen Schläger
im Supermarkt wiedergetroffen habe. Offenbar wohnte
der Täter im selben Stadtviertel, und auch er schien die
Angelegenheit gut weggesteckt zu haben – Max berichtete erbost, dass ihn der Typ auch noch frech angegrinst
habe. Diese Dreistigkeit machte ihn wütend, denn er
hatte schon immer einen sehr ausgeprägten Gerechtig-
keitssinn besessen.

Angesichts der Schwere der Tat kam es dann auch
einige Monate später zu einer Gerichtsverhandlung, bei
welcher Max als Zeuge gegen den wild gewordenen Schläger geladen war – ein Tag, den er wohl nie wieder vergessen wird. Dabei war der Auftritt vor Gericht für Max
eigentlich Routine. Als Zeuge hatte er bis dato zwar noch
nicht aussagen müssen, gleichwohl hatte er schon Hunderte Gerichtsverhandlungen hinter sich. Max ist nämlich von Beruf Strafrichter.

Die Verhandlung begann um 9 Uhr morgens, Max'
Aussage war für 9:15 Uhr angesetzt. Er erschien pünktlich
und wartete vor dem Gerichtssaal darauf, aufgerufen zu
werden. Die Gerichtsverhandlung war schon seit einigen
Minuten im Gange, vermutlich hatte die Staatsanwältin

bereits die Anklageschrift verlesen, und der Angeklagte erzählte gerade seine Version der Geschichte. Max sah sich um. Etwas abseits ihm gegenüber auf einer anderen Bank saß ein weiterer Mann. Max hatte ihn zuerst nicht bemerkt, aber jetzt erkannte er ihn sofort wieder – es war der Täter!

Max war fassungslos. Wenn der wahre Täter hier draußen saß, wer bitte spielte dann da im Gerichtssaal gerade den Angeklagten? Selbst als erfahrener Strafrichter war er mit dieser Situation völlig überfordert – so etwas hatte er noch nie erlebt. Während er noch überlegte, was zu tun war, schaute der Täter unvermittelt in seine Richtung und grinste ihn genauso dreist an wie zuvor bei der Begegnung im Supermarkt. Das war zu viel – Max musste handeln. Er stand auf, betrat, ohne aufgerufen worden zu sein, den Gerichtssaal, unterbrach zur Irritation aller Anwesenden die gerade stattfindende Befragung und rief alarmiert mit Blick auf den vermeintlichen Angeklagten: »Das ist der Falsche. Der wahre Täter sitzt da draußen!«

Liebe Leserin, lieber Leser, auch diese Geschichte ist – mit kleineren Veränderungen zur Vermeidung einer Identifizierung der beteiligten Personen – genau so passiert. Und wenn Sie sich jetzt fragen, was dieser Fall mit einer Aussage-gegen-Aussage-Situation zu tun hat, schließlich haben wir ja diesmal neben dem Angeklagten und dem Opfer auch noch den unbeteiligten Pizzabäcker als neutralen Zeugen, nebst einer ganzen Menge körperlicher Spuren und Sachbeweise, haben Sie vollkommen recht. Eigentlich gar nichts. Allerdings hatte letztlich ausschließlich die Aussage des Pizzabäckers zur Ermittlung des Täters geführt. Max hatte als Verletzter im Nachgang zwar natürlich auch Anzeige erstattet, aber nach der Tat war er zunächst überhaupt nicht vernehmungsfähig gewesen. Auf die eigentliche Spur des Täters waren die Beamten deshalb nur dank seines Retters gekommen, der den Tatverdächtigen bei einer Wahllichtbildvorlage eindeutig als Täter identifiziert hatte. Der Beschuldigte hatte daraufhin bereits vor Anklageerhebung über seinen Anwalt mitteilen lassen, dass er ein Geständnis ablegen werde. Er hatte Max sogar ein Schmerzensgeld angeboten und dies bereits bezahlt. Weitere Spuren wurden daher gar nicht erst weiterverfolgt. Denn weil die belastenden Aussagen von Max und insbesondere des Pizzabäckers durch das Geständnis des Täters gestützt wurden, stand es ja keineswegs Aussage gegen Aussage – der Fall schien vielmehr sonnenklar zu sein.

Max hätte in seiner gerichtlichen Vernehmung deshalb auch eigentlich nur kurz über die Verletzungen und die Tatfolgen aussagen sowie den Erhalt des Schmerzensgeldes bestätigen sollen. Jetzt aber hatte er entdeckt, dass der Falsche auf der Anklagebank saß, schließlich hatte er den Täter eindeutig als die Person vor dem Gerichtssaal identifiziert. Was war passiert? Hatte der Angeklagte ein falsches Geständnis abgelegt? Vielleicht weil er als Fahrzeughalter das Auto dem wahren Täter überlassen hatte und diesen nun schützen wollte? Weil er Angst hatte, dass ihm sowieso niemand glauben würde, wenn seine Aussage gegen die eines unbeteiligten Zeugen und die eines Richters stand? Hatte der Pizzabäcker die Polizei versehentlich auf die Spur eines falschen Täters geführt und diesen auch fälschlich identifiziert? Immerhin hatte er sowohl den Täter als auch das wegfahrende Fahrzeug nur relativ kurz gesehen.

Wir haben uns bisher immer nur mit der Beurteilung von Aussagen auseinandergesetzt und der Frage, wie man eine Lüge – oder sagen wir besser, Nichterlebtes – von der Wahrheit unterscheidet, beziehungsweise wie ein Richter seine Beweiswürdigung in einer reinen Aussage-gegen-Aussage-Konstellation so gestalten kann, dass sie rechtsstaatlichen Anforderungen genügt, ohne dabei willkürlich zu erscheinen. Die Frage, was am Ende vom Zeugenbeweis an sich zu halten ist, will ich Ihnen mit dieser Geschichte stellen. Sie ist nicht leicht zu beantworten. Immerhin wissen Sie seit dem letzten Kapitel, dass Wahrheit nicht gleich Wirklichkeit ist und dass eine Falschaussage mitnichten bewusst geschehen muss.

Mal Hand aufs Herz: Wie oft haben Sie sich schon gedacht: Das kann ich mir merken, ich brauche es mir nicht aufzuschreiben, um dann leider festzustellen, dass Sie es eben doch vergessen haben. Wie oft haben Sie schon ein vermeintlich einfach zu merkendes Passwort für irgendeinen Internetaccount vergessen? Oder sogar Ihre Geheimzahl oder Ihren PIN? Ein gutes Beispiel sind auch Probeabonnements und Onlinebestellungen: Was glauben Sie, warum uns eigentlich die vielen Anbieter von Zeitschriften, Apps, Programmen, Handys etc. meist äußerst großzügige Rückgabe-, Kündigungs- und Geldzurück-Garantien einräumen? Weil Sie es müssen? Weit gefehlt, die Gesetze zum Widerrufsrecht sind teils windelweich. Der Grund liegt vielmehr darin, dass es ein gutes Geschäft ist. Denn die Marketingexperten wissen um die schlechten Eigenschaften unseres Gedächtnisses. Sie setzen darauf, dass wir vergessen, die Dienstleistung vor Ablauf der Probefrist wieder abzubestellen. Und das klappt: Die Firmen brauchen nur zu warten und können dann in den Folgemonaten fleißig von unserem Konto abbuchen. Denn nach der »unverbindlichen Probezeit« folgt meist eine laaange vertragliche Kündigungsfrist. Oft tappen wir sogar mehrmals in diese Falle, wahrscheinlich weil wir denken, dieses Mal würden wir uns daran erinnern. Ausgezeichnet funktioniert dieser Trick, wenn der Probelauf besonders lang ist. Etwa ein Drittel aller Menschen tappt in die »Abo-Falle«, wenn sie ein Produkt drei Tage lang ausprobieren können; ist die Probefrist sieben Tage lang, ist es schon knapp die Hälfte aller Interessenten.

Sie zählen sich zu den 50 Prozent, die nicht auf so etwas hereinfallen? Dann habe ich eine andere Frage an Sie: Was befindet sich auf der Rückseite der deutschen Euro- und Centmünzen? Das sollten Sie mir doch jetzt eigentlich sofort und wie aus der Pistole geschossen sagen können, ohne erst Ihren Geldbeutel zücken zu müssen, schließlich bezahlen Sie doch tagtäglich damit! (Und nein, die Ausrede, es gebe ja noch Münzgeld von derzeit 18 weiteren europäischen Ländern, zählt nicht, denn der Umlaufsanteil an ausländischem Geld liegt in Deutschland nur bei 37 Prozent, das heißt, zwei Drittel Ihrer täglich gebrauchten Euromünzen sind deutsches Geld.) Und? Lassen Sie mich raten, Sie können nur Vermutungen anstellen, tippen aber auf den Bundesadler? Der befindet sich nur auf der Rückseite der 1- und 2-Euro-Münzen. Auf den kupferfarbenen Münzen (1-, 2-

und 5-Cent-Stücke) befindet sich Eichenlaub, auf den rein bronzefarbenen Münzen (10-, 20- und 50-Cent-Stücke) das Brandenburger Tor. Ich bin mir fast sicher, dass Sie das nicht wussten, obwohl Sie jeden Tag mit dem Geld in Berührung kommen, und sei es nur, um Ihr Ticket am Parkautomaten zu bezahlen. Ich hätte es auch nicht gewusst.

Finden Sie das nicht schockierend? Sie haben seit knapp 20 Jahren tagein, tagaus mit diesen Münzen zu tun und wären dennoch als Zeuge zu dieser Frage völlig unbrauchbar gewesen. Was muss dann eigentlich für Max und erst für alle anderen Menschen gelten, die eben keine Richter oder Berufszeugen sind wie etwa Polizisten, sondern ganz normale Menschen wie Sie und ich – so wie der Pizzabäcker?

Das ist Ihnen alles noch zu theoretisch? Dann nehmen Sie den Fall des Bankiers Jürgen Ponto, der durch ein Kommando der RAF am 30. Juli 1977 ermordet wurde. Sowohl die Witwe als auch der Chauffeur des Ermordeten identifizierten bei einer Gegenüberstellung eine Studentin aus Düsseldorf mit an Sicherheit grenzender Wahrscheinlichkeit als Beteiligte des Attentats. Der zuständige Ermittlungsrichter erließ daraufhin einen Haftbefehl. Erst einige Zeit später stellte sich heraus, dass die Täteridentifikationen falsch gewesen sein mussten. Die Studentin konnte für den Tatzeitpunkt ein vollständig überzeugendes Alibi nachweisen.

Ob Sie es jetzt wahrhaben wollen oder nicht – das Gehirn schreibt die Story, nicht das Auge. Das ist wieder und wieder bestätigt worden. Und wenn Sie einmal ganz ehrlich zu sich selbst sind, wie oft waren Sie schon der festen Überzeugung, Ihren Schlüssel woanders hingelegt zu haben als an die Stelle, an der Sie ihn dann tatsächlich wiederfanden? Was also klar sein dürfte: Auch glaubwürdige, hoch motivierte Augenzeugen bieten keine Gewähr für korrekte Gedächtnisleistungen, selbst wenn suggestive Beeinflussungen vermieden werden. Vor allem falsche Täteridentifizierungen belegen dies in eindrucksvoller Weise. Denn nicht nur im Fall Ponto kam es zu einer verheerenden Fehlentscheidung aufgrund mangelnder Gedächtnisleistung von Zeugen. In den USA gab es bis zum Jahr 2018 bislang 356 DNA-Entlastungsbeweise von zu Unrecht Verurteilten, wobei 235 dieser Fehlurteile (72 Prozent) durch eine fehlerhafte Identifizierung durch Augenzeugen (mit-)verursacht worden waren. Und diese Zahlen gelten nur für die USA und nur für Fälle, in denen eine DNA-Analyse möglich war, folglich gibt es über die ganze Welt verteilt mit Sicherheit noch viel mehr unschuldige Menschen, die zu Unrecht im Gefängnis sitzen oder gar auf ihr Todesurteil warten.

Und dennoch wird die Rolle von Gedächtnistäuschungen im deutschen Prozessrecht völlig unterschätzt. Man akzeptiert zwar noch, dass das Gedächtnis zumindest dahingehend versagen kann, dass in der Vergangenheit liegende Informationen später nicht mehr abrufbar sind. Aber wenn ein als glaubwürdig eingestufter Zeuge behauptet, sich an ein bestimmtes Ereignis ganz sicher erinnern zu können, dann wird das auch von Juristen nicht infrage gestellt – obwohl die oben genannten Beispiele alles andere als neu sind und gerade in Fachkreisen bestens bekannt sein sollten.

Das liegt unter anderem daran, dass auf Zeugenaussagen meist schlicht nicht verzichtet werden kann. Auch wenn Fernsehsendungen wie »CSI« und unzählige True-Crime-Serien den Eindruck vermitteln, es gebe bei jedem Verbrechen stets »harte« Beweise, also Sachbeweise wie DNA-Spuren, Fingerabdrücke, Telefondatenauswertungen etc., ist das in der Praxis nur selten der Fall. Und auch in den wenigen Fällen, in denen solche Beweise vorliegen und die Polizei sie erfolgreich mit einer verdächtigen Person verknüpfen kann, sind Aussagen von Augenzeugen erforderlich, um das Beweismaterial mit der Tat in Verbindung bringen zu können. Denken Sie nur an das im Kapitel 1 »Tränen lügen nicht« bereits beschriebene Problem bei den Sexualstraftaten, wenn der vermeintliche Täter behauptet, dass der Geschlechtsverkehr einvernehmlich gewesen sei. Oder stellen Sie sich einen Banküberfall vor, bei dem die Fingerabdrücke des Tatverdächtigen am Tatort gefunden wurden. Wie soll sich hier feststellen lassen, ob er die Bank als Kunde oder als Beteiligter eines Verbrechens besucht hat? Anders ausgedrückt: Sachbeweise stehen nicht für sich; sie erzählen nicht die ganze Geschichte; sie müssen interpretiert werden. Und schon spielen Zeugen eben doch wieder eine zentrale Rolle.

Die Meinung, dass Zeugen eigentlich ziemlich schlechte Beweismittel vor Gericht sind, ist nicht neu und wird immer wieder anhand von aufsehenerregenden Fehlurteilen belegt. Dabei sprechen wir nicht von Lügnern, sondern ausschließlich von Zeugen, die ihre gerichtliche Wahrheitspflicht ernst nehmen und bemüht sind, die Wahrheit zu sagen. Trotzdem kann man natürlich nicht alle Augenzeugen als grundsätzlich unzuverlässig abtun. Immerhin werden viele Fälle häufig gerade mithilfe von Augenzeugen gelöst, zum Beispiel durch zielführende Hinweise oder die Identifizierung von Verdächtigen. Denken Sie alleine an die Sendung »Aktenzeichen XY«, die Medienberichten zufolge eine Aufklärungsquote von 40 Prozent aufweist und dabei ausschließlich auf die berühmten »sachdienlichen Hinweise aus der Bevölkerung« setzt. Auch eine Überprüfung der Faktoren, die zur Klärung von 189 bis dato ungeklärten, wiederaufgenommenen Fällen des Polizeireviers des District of Columbia (USA) beitrugen, belegt, dass die Mehrheit dieser Fälle unter anderem aufgrund neuer Zeugenaussagen gelöst werden konnte (63 Prozent).

Und dennoch: Bereits die Wahrnehmungsfähigkeit des Menschen ist aufgrund der physischen Grenzen seiner Sinnesorgane ziemlich eingeschränkt. Weder sind wir vor dem »Löschen« (= Vergessen) gesicherte Festplatten, noch haben wir die Augen eines Adlers, die Ohren eines Luchses oder die Multitaskingfähigkeit eines Bordcomputers, der zeitgleich alle wichtigen Parameter eines Fluges überwachen kann. Sind die Licht- und Sichtverhältnisse schlecht, sehen wir auch schlecht. Das Erkennen von Ereignissen und Gesichtern wird bei zunehmender Dunkelheit immer schwieriger, findet ein Wechsel von einer hellen in eine dunkle Situation (oder umgekehrt) statt, ist die Adaption unserer Augen beeinträchtigt. Je nach Alter und medizinischem Befund (Kurz-/Weitsichtigkeit, Nacht- oder Farbblindheit) ist unsere visuelle Wahrnehmung zusätzlich temporär oder dauerhaft nachteilig verändert. Bei der Wahrnehmung sprachlicher Reize kommt hinzu, dass der Fokus in der Regel auf den Inhalt des Gesagten und weniger auf Wortlaut oder stimmliche Eigenschaften gelegt wird, wobei der Mensch Geräusche vielfach ohnehin nicht differenziert wahrnehmen kann, zum Beispiel deren Richtung oder Entfernung. Und auch die Erwartungshaltung des Wahrnehmenden spielt oft eine maßgebliche Rolle, oder anders ausgedrückt: Wir hören meist nur das, was wir auch hören wollen.

Darüber hinaus funktioniert das menschliche Gedächtnis nicht wie ein Aufnahmegerät, welches ein Geschehen audiovisuell aufzeichnet, es beruht nicht auf einer direkten Abbildung oder Speicherung eines Lebensvorgangs. Denn nicht unsere Augen oder Ohren sind dafür verantwortlich, sondern unser Gehirn, und das interpretiert, strukturiert, verzerrt, beschönigt, verziert, unterdrückt Negatives, schmückt Positives aus und fügt am Ende alles als unsere sogenannten Erinnerungen neu zusammen. Das Gedächtnis unterliegt damit also regelmäßig einer ganzen Reihe von Fehlern und Irrtümern.

Hinzu kommt, dass die simultane Aufnahmekapazität der menschlichen Sinnesorgane sehr begrenzt ist. So sehr Sie, liebe Leserin, darauf beharren werden, dass Frauen, im Gegensatz zu Männern, wahre »Multitasker« seien – es ist leider Fakt, dass die Konzentration auf einen Sinnesvorgang die Konzentrationsfähigkeit bezüglich eines anderen Sinnesvorgangs regelmäßig sinken lässt. Wer sich also auf das Gehörte konzentriert, der sieht gleichzeitig schlechter und umgekehrt. Dieses in der Psychologie Scheuklappeneffekt genannte Phänomen konnte selbst bei Teilnehmern einer Richter-Tagung ausgerechnet zum Thema Glaubwürdigkeit nachgewiesen werden. Dabei schien zu Beginn der Veranstaltung die benötigte technische Anlage nicht zu funktionieren, woraufhin ein Techniker herbeigerufen wurde, der sie reparieren sollte, während sich die Referenten vorstellten. Nach circa 10 Minuten gelang es dem Techniker, die Videoanlage in Gang zu bringen. Tags darauf wurden die Teilnehmer des Seminars zu dem Geschehen befragt. Circa 30 Prozent der Befragten gaben an, den Techniker überhaupt nicht bemerkt zu haben, während die restlichen Teilnehmer zwar die Anwesenheit des Technikers wahrgenommen hatten, aber nicht einmal halbwegs exakt beschreiben konnten, was er gemacht hatte. Wohlgemerkt: Das waren alles Richter!

Ein weiteres Phänomen, das im Übrigen von sehr vielen Aussagepsychologen beschrieben wird, ist die sogenannte Interessensausrichtung des Wahrnehmenden, also die Tatsache, dass er seine Aufmerksamkeit unbewusst auf bestimmte Vorgänge konzentriert, was zu einer selektiven Wahrnehmung führt. So erkannte ein vierjähriges Mädchen, das schwer missbraucht worden war, zwar seinen Peiniger nicht wieder, dafür aber die Bonbons, mit denen er es zuvor angelockt hatte. Auch weiß man, dass die Reproduzierbarkeit einer Information umso unwahrscheinlicher ist, je weniger Aufmerksamkeit sie zuvor erfahren hat. Dies gilt selbst dann, wenn es sich um sehr vertraute Informationen handelt – denken Sie nur an meine Frage nach der Rückseite von Münzgeld. Erschwerend kommt hinzu, dass Menschen dazu neigen, mehr zu berichten, als durch die Gedächtnisspuren eines beobachteten Ereignisses begründet ist. Hierbei vertrauen sie implizit auf ihnen bekannte Schemata und ergänzen die Gedächtnisrepräsentation um weitergehende Informationen, welche mit derartigen Ereignissen, Personen oder Objekten normalerweise verknüpft sind oder verknüpft zu sein scheinen. Mit anderen Worten: Die Rekonstruktion einer einzigen wahren Geschichte durch den idealen Zeugen ist nahezu unmöglich.

Womit wir wieder bei Max, dem »Opfer-Richter«, wären. Nach seinem filmreifen Auftritt herrschte erst mal Stille im Gerichtssaal, oder besser: betretenes Schweigen. Schließlich war es die Richterin, die das Wort ergriff: »Herr Zeuge, Sie irren sich. Der Angeklagte hat die Tat bereits gestanden.« – »Geht es Ihnen gut?«, fragte die Staatsanwältin. Auch der Verteidiger sah ihn besorgt an. Nur der falsche Angeklagte sah beschämt zu Boden. Max beharrte darauf, dass hier gerade einiges schieflief. »Ich habe ihn ganz sicher erkannt. Ganz ohne Zweifel! Ich habe ihn bereits vor einigen Wochen bei mir im Supermarkt gesehen, da hat er mich genauso dreist angegrinst wie heute hier vor dem Sitzungssaal. Frau Vorsitzende, ich weiß nicht, warum der Mann auf der Anklagebank sich dazu bereit erklärt hat, den Angeklagten zu spielen und eine Tat zu gestehen, die er nicht begangen hat, aber ich kenne ihn nicht. Der wahre Täter sitzt da draußen vor dem Sitzungssaal, ich bin mir ganz sicher. Lassen Sie ihn reinholen, ich bitte Sie darum!«

Max' zu Anfang dieser Geschichte erwähnte quälende Frage nach dem Warum betrifft das, was nun passieren sollte. Die Richterin ließ den draußen wartenden Mann, den Max als den Täter identifiziert hatte, hereinholen. Es handelte sich um niemand anderen als den Pizzabäcker, jenen Mann also, der Max vor weiteren Schlägen und vermutlich noch deutlich schlimmeren Verletzungen bewahrt, sich um ihn gekümmert und ihm so lange gut zugeredet hatte, bis die Rettungskräfte eingetroffen waren. Jeder Irrtum war ausgeschlossen. Die Identität des Helfers war zweifelsfrei festgestellt worden. Er gab dann auch später als Zeuge an, dass es ihn gewundert habe, dass Max, dem er ja geholfen habe, ihn in der Folge beim Einkaufen und vor Gericht so feindselig angesehen habe. Und nun war er von ihm auch noch vom heldenhaften Retter zum brutalen Täter degradiert worden.

Wie hatte Max sich nur derartig irren können?

Jetzt dürfen Sie getrost davon ausgehen, dass er definitiv nicht bewusst vor Gericht gelogen hat, nicht nur weil er Richter ist und im Falle einer vorsätzlichen Falschaussage ziemlich sicher seinen Job verlieren würde, sondern weil Max auch schlicht überhaupt keinen Grund dazu hatte, jemanden falsch zu belasten, schon gar nicht den Mann, der ihm so heldenhaft zu Hilfe gekommen war. Die Frage bleibt aber: Warum?

Warum identifizierte Max den Zeugen vor der Tür und nicht den Angeklagten als den Täter? Eine Verwechslung erscheint doch eigentlich völlig unwahrscheinlich, schließlich hatte Max die Tat hautnah erlebt und sowohl den Täter als auch den Helfer gesehen.

Hatte es am Stress gelegen und der aufgrund der emotionalen Belastung schlechteren Informationsverarbeitung? Solche Faktoren können nämlich eine signifikant verminderte Identifizierungsleistung und eine geringere Detaillierung der Aussagequalität zur Folge haben.

Vielleicht hatte zu der Verwechslung aber auch beigetragen, dass sowohl der Pizzabäcker als auch der wahre Täter südländischer Herkunft und relativ »durchschnittliche« Typen waren. Besonders kritisch wird eine Identifizierung für Zeugen nämlich bei Personen fremder Ethnien. »Ausländereffekt« heißt dieses Phänomen, das erwiesenermaßen dazu führt, dass Täter in solchen Fällen schlechter wiedererkannt werden. Ob das nun an der geringeren Kontakthäufigkeit liegt oder an dem aus dem Alltag bekannten Phänomen, dass Menschen anderer ethnischer Gruppen grundsätzlich schwerer zu unterscheiden sind als die der eigenen, ist nicht bekannt.

Womöglich war auch der fehlende Pizzabäckerhut schuld – so lustig das jetzt klingen mag. Denn auch besonders auffällige Gesichter oder körperliche Merkmale, die vom Durchschnitt abweichen, haben großen Einfluss auf die Wiedererkennung. So hat man herausgefunden, dass das Hinzufügen oder Wegnehmen von Bärten, einer Brille oder einer Kopfbedeckung zu einer deutlichen Verschlechterung der Identifizierungsleistung führt. Bei Gericht trug der Pizzabäcker jedenfalls keine Kopfbedeckung.

Vielleicht hatte aber auch die zwischenzeitliche Begegnung im Supermarkt etwas mit Max' Irrtum zu tun. Hier hatte er einmal den Fehler gemacht, den Helfer versehentlich als Täter zu identifizieren, vielleicht weil er beide Personen im Gedächtnis emotional mit der Gewalttat verknüpft hatte. Kombiniert mit den obigen Faktoren, mag dies den Ausschlag für das erste Fehlerkennen gegeben haben. Hat ein Zeuge jemanden aber erst einmal versehentlich als Täter »erkannt«, ergibt sich eine Problematik, welche von Juristen als Rechtsproblem des »wiederholten Wiedererkennens« bezeichnet wird: Man weiß nicht, ob der Zeuge das Bild des realen Täters bei der Tat vor Augen hat oder das Bild des vermeintlichen Täters bei der ersten Gegenüberstellung. So waren auch im bereits geschilderten Fall des Ponto-Mordes der Witwe und dem Chauffeur zunächst Fotos möglicher Tatverdächtiger gezeigt worden, unter denen sich das Bild der später fälschlicherweise als Mittäterin identifizierten Studentin befunden hatte. Die Witwe des Ermordeten erklärte hinterher, dass ihr die Falschidentifikation wohl nicht unterlaufen wäre, hätte man sie ohne vorheriges Zeigen der Bilder gleich direkt mit der Studentin konfrontiert. Das ist auch durchaus plausibel, denn aufgrund des bereits bekannten Fotos erschien ihr das Gesicht vertraut, und diese Vertrautheit hat sie wahrscheinlich versehentlich mit der Tat in Verbindung gebracht. Einen derartigen Zusammenhang belegen im Übrigen auch Laborexperimente, bei denen Personen, deren Bilder vor einer Gegenüberstellung schon einmal durchgesehen worden waren, zu 20 Prozent fälschlicherweise als Täter identifiziert wurden. Personen, deren Bilder zuvor nicht präsentiert worden waren, wiesen eine Falschidentifikationsrate von nur 8 Prozent auf.

In manchen Fällen haben Richter es Strafverteidigern aus diesen Erwägungen heraus auch schon gestattet, einfach die Anwaltsrobe mit dem Angeklagten zu tauschen. In mindestens zwei verschiedenen Strafverfahren, in welchen es um die Wiedererkennung des Angeklagten ging, hat dieser »Trick« nämlich bereits bestens funktioniert: Bei der Polizei waren sich die jeweiligen Zeugen noch ganz sicher gewesen und hatten den Angeklagten als Täter identifiziert. In der Gerichtsverhandlung, wo Anwalt und Angeklagter zuvor die Plätze getauscht hatten, »erkannten« die Zeugen beide Male sogleich den Verteidiger als den vermeintlichen Täter.

In all diesen Fällen dürfte jedenfalls klar sein, dass nicht ein absichtlich lügender Zeuge das Problem war, sondern ein ehrlicher, der aufgrund eines Irrtums eine falsche Person als »wahren« Täter identifiziert hatte. Ein geflügeltes Wort heißt schließlich nicht umsonst: »Der Irrtum ist neben der Lüge der größte Feind der Wahrheit.«

Vielleicht liegt es ja gerade an Fällen wie denen von Max, dass alle erfahrenen Kriminalisten Sachbeweise wie Dokumente, Videos, Fingerabdrücke, DNA-Spuren und Handyauswertungen für weit verlässlicher halten als den Zeugenbeweis, denn wie es der bekannte Juraprofessor Klaus Volk so schön formuliert: »Zeugen sind Menschen, Spuren mensicheln nicht. Sie sind einfach da, ebenso vielsagend wie stumm.« Einen Fingerabdruck muss man nichts fragen. Ein Fingerabdruck hat auch keine eigenen Interessen. Ein Fingerabdruck lässt sich nicht beeinflussen. Ein Fingerabdruck vergisst nicht. Er ist einfach da. Ein Zeuge jedoch spielt eine Rolle, wie im Theater. Und immer ist die Frage, ob jemand Regie geführt hat. Die Angst, oder ein Interessent, oder die egoistische Wichtigtuerei. Oder einfach: das Unterbewusstsein und das trügerische Gedächtnis. Treten mehrere Zeugen auf, kommt das Problem hinzu, was sich vor ihrem Auftritt hinter den Kulissen abgespielt haben mag. Könnten sie sich abgesprochen haben? Könnte der Protagonist seinen Text vergessen haben? Könnte er den falschen Text gelernt haben? Könnte er nur einen kleinen Texthänger haben und ihn geflissentlich durch einen eigenen Text ersetzen, damit es das Publikum nicht merkt?

Das Gehirn schreibt nämlich die Story, nicht der Lesekopf einer Festplatte. Und anders als die Festplatte ist unser Gedächtnis auch ziemlich mau. Wissenschaftliche Versuche ergaben zum Beispiel, dass das Kurzzeitgedächtnis Informationen für gerade einmal 30 Sekunden speichern kann! Sie kennen das, wenn Sie sich eine Telefonnummer merken wollen. Die Anzahl an Informationseinheiten, die wir dabei verlässlich im Gedächtnis behalten können, soll in etwa bei sieben liegen. Aber auch das wurde inzwischen schon wieder infrage gestellt. Laut neuesten Forschungen seien es allenfalls vier Einheiten – ziemlich wenig also und das, wie gesagt, nur für etwa 30 Sekunden.

Diese Erkenntnisse erklären dann nicht nur, was generell von Zeugen zu halten ist, sondern insbesondere auch ganz grundsätzlich von der Beweislage in einer Aussage-gegen-Aussage-Konstellation.

Jetzt werden Sie sagen, dass sich dieser Fall ja zum Glück aufgeklärt hat. Was aber, wenn es Aussage gegen Aussage gestanden hätte? Wenn beispielsweise der Pizzabäcker gar nicht erst eingegriffen, Max ihn aber einige Tage später beim Einkaufen »todsicher« als den Täter wiedererkannt hätte? Wie wären dann seine Chancen gestanden? Was glauben Sie, nach allem, was Sie bisher gelesen haben? Wäre es da nicht sehr wahrscheinlich gewesen, dass man den armen Kerl unschuldig allein auf Max' Aussage hin verurteilt hätte? Welchen Grund hätte Max schließlich als Richter gehabt, einen völlig Fremden zu Unrecht einer Körperverletzung zu beschuldigen, die zudem ja auch nachweislich stattgefunden hatte, und zwar genau vor dem Ladenlokal des Beschuldigten? Wäre

Max' Aussage inhaltlich verdächtig gewesen, wenn wir doch inzwischen wissen, dass auch falsche Erinnerungen ähnlich qualitativ hochwertige Aussagen liefern wie Erinnerungen an wahre Sachverhalte?

Max ist noch immer Strafrichter. Doch seit dem Vorfall ist seine Verurteilungsrate deutlich gesunken. Für ihn zählen im Zweifel nur noch »richtige« Beweise.

IM ZWEIFEL GEGEN DEN ANGEKLAGTEN?

Liebe Leserin, lieber Leser, Sie haben in diesem Buch nun allerhand über die Schwierigkeiten und Konflikte, die Widersprüche und die Komplexität bei der Bewertung von zwei sich widersprechenden Aussagen gelesen. Am Ende stellte sich dabei immer die Frage, welcher von zwei kontradiktorischen Aussagen man glauben sollte. Sie konnten sich Ihre Meinung darüber bilden, was in dieser Konstellation von unterstützenden »Lagerzeugen« und »Zeugen vom Hörensagen« zu halten ist, ob Sie mehr nach der Glaubwürdigkeit und »generellen Wahrheitsliebe« der Zeugen urteilen oder doch eher auf eine inhaltliche Auseinandersetzung mit den qualitativen Unterschieden der beiden Aussagen setzen würden. Dabei haben Sie erfahren, dass die Gedächtnisrekonstruktion von einem komplexen Zusammenspiel persönlicher, situativer und sozialer Faktoren ebenso wie von der individuellen Gedächtnisleistung und diversen Befragungstechniken abhängt – und dass vermeintliche körperliche Symptome kein wissenschaftlich fundiertes Kriterium für die Wahrheitsfindung sind, gleich ob dick kullernde

Tränen eines mutmaßlichen Opfers oder das Zittern, Erröten oder Stottern beim mutmaßlichen Täter. Womöglich sind Sie dabei auch zu der Erkenntnis gelangt, dass die alten Gelehrten von der Antike bis hin zur Weimarer Klassik doch nicht ganz unrecht hatten, wenn sie in einem einzelnen Zeugenbeweis wenig bis gar keine Grundlage für ein belastbares Urteil sahen. Gleichzeitig habe ich Ihnen auch Fälle beschrieben, bei denen nicht die Gerechtigkeit oder das »Gute« siegte, sondern mutmaßliche Vergewaltiger und Mörder wegen unüberwindbarer Zweifel am Ende doch noch davongekommen sind. Umgekehrt wissen Sie jetzt, dass es trotz aller wissenschaftlicher Bemühungen im Ergebnis vielfach die ganz persönlichen Überzeugungen sind, welche den Richter bei der Wahrheitsfindung leiten – nicht selten begründet auf der eigenen Lebenserfahrung und damit auch auf stereotypen Annahmen und sonstigen psychologischen Faktoren wie dem Phänomen, dass Tatsachen, die die eigene Ausgangshypothese bestätigen, gerne höherwertig eingeschätzt werden als entgegenstehende Informationen.

Nun können Sie sich natürlich entspannt zurücklehnen, weil Sie selbst schließlich nie in die unangenehme Situation geraten werden, dass Ihre Aussage einmal im Rahmen einer gerichtlichen Überprüfung einer anderen Aussage gegenübersteht. Oder?

Ohne Ihnen zu nahe treten zu wollen – das dachten sich die in diesem Buch beschriebenen Personen leider auch. So wie fast alle echten und vermeintlichen Täter, Opfer und Zeugen. Denn im Grunde kann es jeden treffen, also auch Sie! Was, wenn beim kommenden Scheidungstermin der Ex-Partner behauptet, Sie seien schon immer gewalttätig gewesen? Oder der Unfallgegner aussagt, Sie hätten den Unfall verursacht und nicht umgekehrt? Es muss ja nicht gleich die Polizei mit einem Haftbefehl vor Ihrer Tür stehen.

Doch gerade als (unschuldig) Angeklagter kann man in solchen Situationen vor Gericht leicht ins Hintertreffen geraten, wie einige der erwähnten Fallbeispiele gezeigt haben. Bei reinen Zivilrechtsstreitigkeiten, bei denen es letztlich um Geld, Arbeit oder Eigentum geht, kennt man die Rechtslage zwar grundsätzlich so, dass die klagende Partei, die eine Opferrolle reklamiert, dies auch beweisen muss, und zwar grundsätzlich mit anderen Beweismitteln als nur der eigenen Parteibehauptung. Im Strafprozess, aber auch in familiengerichtlichen Auseinandersetzungen soll der Staat von Amts wegen ermitteln und dabei nach objektiven Kriterien die Wahrheit aufdecken. Auch hier darf also eine Parteibehauptung nicht einfach übernommen werden, nur weil sie die »Wahrheit« für sich beansprucht. Ohnehin gilt im Strafprozess die Unschuldsvermutung: Man gilt so lange als unschuldig, bis das Gegenteil klar erwiesen ist. Dennoch entsteht zuweilen der Eindruck, dass die zivilisatorische Errungenschaft der Unschuldsvermutung zusehends untergraben oder gar ins Gegenteil verkehrt wird – beunruhigenderweise gerade dann, wenn Aussage gegen Aussage steht und die Beweislage daher objektiv eigentlich besonders schwach ist.

Umgekehrt ist auch ein Geständnis kein Beleg dafür, dass die Justiz am Ende mit ihrer Aussageanalyse richtig lag, denn es gibt zahlreiche Faktoren, die einen Unschuldigen dazu bringen können, seine Schuld einzugestehen – denken Sie nur an den Fall um den angeblich getöteten Bauern im Kapitel »Das Mords-Geständnis«. Auch ich habe schon genügend Mandanten – entgegen meiner inneren Überzeugung – dazu geraten, selbst als zu Unrecht Angeklagte ein (falsches) Geständnis abzulegen, um ein vorteilhaftes Urteil zu erreichen, wenn eine Opferaussage sehr überzeugend und deshalb eine negative richterliche Überzeugungsbildung mit entsprechend hoher Strafe sehr wahrscheinlich war.

Der wohl gravierendste Denkfehler, dem Richter, Staatsanwälte, Polizisten, Pressevertreter und Zuschauer nur allzu oft aufsitzen und der sich regelmäßig zum Nachteil des Beschuldigten auswirkt, ist die vorweggenommene Typisierung von Opfer und Angeklagtem. Denn nur weil jemand auf der Anklagebank sitzt, ist er an sich nicht weniger glaubwürdig. Umgekehrt muss es nicht automatisch die Wahrheit sein, wenn jemand behauptet, Opfer einer Straftat geworden zu sein. Gerade bei der Beurteilung der Glaubwürdigkeit von Opfern erweist sich zum Beispiel das Credo des gestrauchelten Politikers aus Kapitel 1, »Warum sollte sich eine Frau eine Vergewaltigung ausdenken?«, als gefährlicher Trugschluss. Denn häufig wird übersehen, dass vermeintliche Opfer nicht einfach nur eine neutrale Zeugen-, sondern vielmehr eine Parteirolle einnehmen. »Bei der vorschnellen Einordnung von Zeugen als Opfer der angeklagten Tat wird ein Beweisresultat vorweggenommen und besondere Glaubwürdigkeit des ›Opfers‹ angenommen«, wie es Kachelmannverteidiger Johann Schwenn einmal treffend gesagt hat. Natürlich verfolgt der Opferzeuge eigene Ziele, und sei es nur, dass man ihm glaubt, Opfer der behaupteten Straftat geworden zu sein. Auch andere Motive sind je nach Einzelfall mehr oder weniger naheliegend.

Aussage gegen Aussage steht es zwar – wie wir anhand der Fälle dieses Buchs gesehen haben – nicht nur bei Ehestreitigkeiten und Sexualdelikten, aber vor allem bei Letzteren ist die Dunkelziffer der Falschbeschuldigungen überproportional hoch. Gleichzeitig ist eine öffentliche wertneutrale Auseinandersetzung mit diesem Thema kaum mehr möglich. Jede Diskussion gerade in Bezug auf die Aussage-gegen-Aussage-Konstellation ist mittlerweile stark moralisch aufgeladen und scheint dabei mehr auf »alternative Fakten« gestützt zu sein als auf wissenschaftliche Erkenntnisse – dem neuen Opferkult sei Dank. Sehr viel zitiert wird in diesem Zusammenhang eine einzige methodisch höchst mangelhafte Studie britischer Sozialwissenschaftler (nicht Juristen!), welche für Deutschland eine extrem niedrige Falschbeschuldigungsquote ausweist. Die Forscherinnen und Forscher haben dafür ganze 100 Akten einer einzigen Staatsanwaltschaft anhand der Erledigungszahlen der Kriminalstatistik im eigenen Sinne interpretiert. 3 Prozent der Fälle endeten in einem Strafverfahren gegen die Anzeigenerstatterin. Dass die Zahl der objektiv falschen Beschuldigungen sich in diesen 3 Prozent nach forensischen Standards nachgewiesenen strafrechtlich relevanten Falschbeschuldigungen erschöpfen soll, darf man als eine nicht nur naive, sondern mutwillig falsche Interpretation der vorliegenden Zahlen bezeichnen. Zunächst ist nicht jede objektiv falsche Beschuldigung auch gleichzeitig strafbar – man denke nur an Scheinerinnerungen, Irrtümer oder Grenzfälle. Unerwähnt bleibt darüber hinaus auch, dass in der deutlich überwiegenden Zahl dieser 100 Fälle – so man diese überhaupt als repräsentativ betrachten mag – das Verfahren mangels Tatverdacht eingestellt oder der Angeklagte gar gerichtlich freigesprochen wurde; dies höchstwahrscheinlich nicht aus Nachsicht der Justiz gegenüber Vergewaltigern, sondern schlicht deswegen, weil keine Tat nachweisbar war. Studien und Schätzungen aus dem Bereich der Justiz und Strafrechtspflege zufolge dürften jedenfalls vielmehr zwischen 25 und 75 Prozent aller Vergewaltigungsanzeigen unbegründet sein – bei den Vorwürfen sexuellen Missbrauchs sogar noch mehr.

Machen Sie sich doch einfach selbst ein Bild: Stellen Sie den 10-seitigen »Länderbericht Deutschland« der britischen Sozialwissenschaftler[4] der 323-seitigen kriminologischen Studie des LKA Bayern »Vergewaltigung und sexuelle Nötigung in Bayern«[5] gegenüber. Ersterer kommt zu dem bekannten Ergebnis von 3 Prozent Falschbeschuldigung, zweitere stellt die Problematik etwas differenzierter dar: Demnach schätzen die polizeilichen Sachbearbeiter von Sexualdelikten den Anteil von strafbaren Falschanzeigen im Durchschnitt auf etwa ein Drittel.

Es wundert mich nicht, sollten Ihnen solcherlei Schätzungen neu sein. Aus falsch verstandener Solidarität mit echten Opfern wird oft verschwiegen, was nicht sein darf – objektiv falsche Beschuldigungen sind näm-

---

4 https://www.frauenrechte.de/images/downloads/hgewalt/EU-DAPHNE_Strafverfolgung_von_Vergewaltigung_Laenderbericht_Deutschland.pdf

5 https://publikationen.uni-tuebingen.de/xmlui/bitstream/handle/10900/81379/22_kriminalitaet_sex_noetigung.pdf

lich nicht die seltene, spektakuläre Ausnahme, wie es die mediale Berichterstattung gerne behauptet. Die Polizei Rostock musste dann auch unlängst hektisch einen Bericht dementieren, wonach 80 Prozent der angezeigten Vergewaltigungen erfunden seien. Auf Anfrage des »ARD-Faktenfinders«[6] räumte die Polizei ein, dass zwar zahlreiche Verfahren eingestellt worden seien, weil kein hinreichender Tatverdacht habe ermittelt werden können, dies im Umkehrschluss aber natürlich nicht zwingend bedeute, dass alles erfunden worden sein müsse. Das stimmt natürlich – wie es auch stimmt, dass in der öffentlichen Meinung in genau diesen Fällen zumeist »im Zweifel gegen den Angeklagten« gilt.

Opfer von Sexualdelikten werden heutzutage in Deutschland ernst genommen, und das ist auch gut so. Lange Zeit war das anders. Da wurde ihnen häufig die Schuld zugesprochen, wenn man ihnen überhaupt glaubte. Aber von der Praxis, eine Schuld beim mutmaßlichen Opfer zu suchen, sind wir nun an einem Punkt angelangt, wo wir dem vermeintlichen Opfer nahezu blindlings glauben und es breite und vorbehaltlose Unterstützung erhält, wie es der renommierte Aussagepsychologe Max Steller attestiert. Das birgt das Risiko, dass wir Menschen zu Tätern erklären, die tatsächlich Opfer falscher Anschuldigungen sind. Im Besonderen prangert er an, dass Personen, die andere Menschen beschuldigen und anzeigen, in Protokollen der Polizei vorschnell und ohne Prüfung als Geschädigte und von der Gesellschaft

6 https://www.tagesschau.de/faktenfinder/inland/erfundene-
vergewaltigungen-101.html

und der Justiz als Opfer bezeichnet werden. So ist besonders in Fällen mit Sexualdelikten eine gesellschaftliche Stimmung entstanden, in der die Nachweispflicht, Opfer einer Straftat geworden zu sein, als inhuman angesehen wird. Das hieße aber umgekehrt, dass die Beweislast in diesen Fällen beim Beschuldigten läge, er also seine Unschuld beweisen müsste. Und das widerspricht sämtlichen rechtsstaatlichen Grundsätzen und vor allem der Unschuldsvermutung, die in einem Rechtsstaat jedem zusteht.

Während also jedem Mann ohne Weiteres die Neigung zur Vergewaltigung unterstellt wird, sollen Frauen zu solcherlei Falschbeschuldigungen angeblich grundsätzlich außerstande sein – schon aus moralischen Gründen. Warum derlei klischeebehafteter Sexismus mit der plumpen Logik »Mann = aktiv = Täter«, »Frau = passiv = Opfer« gerade von vermeintlich progressiven Stimmen kritiklos gefeiert wird, ist eigentlich nur mit der Angst vor einer gefährlichen binär-reaktionären Logik zu erklären: Entweder du bist auf der Seite der »Täter« oder auf der Seite der »Opfer«. Gerichte sollten aber weder auf der einen noch auf der anderen Seite stehen, sondern sich für die Seite der »Wahrheit« entscheiden. Und die Wahrheit ist eben nicht in simple Täter-Opfer-Schemata zu pressen.

Blicken wir noch einmal auf Kapitel 1 »Tränen lügen nicht«, bei dem sich nicht abschließend klären ließ, ob der Politiker nun schuldig war oder nicht, und fragen wir uns, welche Motive die Praktikantin gehabt haben könnte, ihn fälschlicherweise zu beschuldigen, ergeben sich gleich mehrere mögliche Antworten. Ihr könnte beispielsweise daran gelegen gewesen sein

- nicht als das billige Flittchen zu gelten, das mit dem Vorgesetzten auf der Party rummacht,

- sich dem eigenen Freund gegenüber nicht die Blöße geben zu müssen, sich womöglich nicht ganz beziehungsregelkonform verhalten zu haben,

- sich nicht eingestehen zu müssen, dass man sich alkoholbedingt nicht mehr unter Kontrolle hatte,

- eine zunächst unbedachte Lüge oder Übertreibung gegenüber der rauchenden Parteikollegin aus sozialem Erwartungsdruck aufrechtzuerhalten, um nicht plötzlich als Lügnerin und Verführerin dazu-stehen.

All dies müsste, neutral betrachtet, per se schon erheb-liche Bedenken bei einer Urteilsbildung wecken. Wer solchen möglichen Motiven aus falsch verstandenem »Opferschutz« noch nicht einmal nachzugehen bereit ist, hegt eine rechtsstaatsfeindliche Gesinnung.

Natürlich hat auch der Angeklagte ein klares Interesse am Ausgang seines Verfahrens, gar keine Frage. Anders als das mutmaßliche Opfer, das im besten Fall einfach nur will, dass ihm geglaubt wird, drohen ihm bei Ver-urteilung das endgültige Karriereaus, die Zerstörung sei-ner Reputation sowie gegebenenfalls eine lange Haft-strafe. Aber genau das ist doch auch der Punkt: Sollte man auf einer so unsicheren Basis einen Menschen weg-sperren und ihn damit gleichzeitig auch seines gesam-ten bisherigen Lebenswerkes berauben können? Oder ist es ein zivilisatorischer und rechtsstaatlicher Rückschritt, einen Menschen allein aufgrund der Aussage eines vermeintlichen Opfers schuldig zu sprechen – und damit alle Glieder der Beweiskette auf dem Wort ebenjener Person beruhen zu lassen, die den Beschuldigten bezichtigt? Darf man – wie es der Strafrechtswissenschaftler Klaus Volk sagt – im Namen des Volkes herumspekulieren, was das mutmaßliche Opfer nun tatsächlich erlebt hat und was nicht, oder ist das womöglich nicht mehr Ausdruck von richterlicher Freiheit, sondern schon von schlichter Willkür?

Kriminologen haben herausgefunden, dass die Strafe in der Regel höher ausfällt, wenn der Angeklagte ausländische Wurzeln hat, ein beträchtliches Vorstrafenregister vorzuweisen hat, männlich ist, wenn sein Anwalt konfrontativ verteidigt oder wenn der Richter an die abschreckende Wirkung drastischer Urteile glaubt. Auch kann es bereits genügen, wenn die mediale Berichterstattung eine hohe Strafe nahelegt oder die Politik und die Moral nach einer besonders harten Strafe verlangen. Und all diese Faktoren können sich nicht nur auf die Strafhöhe, sondern auch auf die Frage der Verurteilung an sich auswirken: ganz besonders natürlich in der Konstellation Aussage gegen Aussage. Ich behaupte, dass ein und derselbe Fall, verhandelt vor zehn unterschiedlichen Gerichten, zu zehn unterschiedlichen Ergebnissen führen würde. Dies mag in einem gewissen Umfang noch als Ausdruck richterlicher Unabhängigkeit legitim sein, wenn aber die Frage langjähriger Haftstrafen auf gut Glück je nach Zusammensetzung des Gerichts entschieden wird, dann hat dies mit Recht und Gerechtigkeit wenig zu tun.

Besonders bedenkenswert ist dabei, dass die menschliche Unfähigkeit, die Glaubwürdigkeit eines Zeugen korrekt einzuschätzen, mit der unberechtigten Überzeugung einhergeht, hierbei überdurchschnittliche Fähigkeiten zu besitzen. Diese realitätsferne Selbstüberschätzung ist dadurch bedingt, dass Richter nur selten korrigierende Rückmeldung erhalten – gute Lügen bleiben schließlich unentdeckt. Demgegenüber können Situationen, in denen sie besonders plumpe Täuschungsversuche aufdecken, zu einer Übergeneralisierung von Urteilserfolgen führen. Der renommierte Rechtsprofessor Bernd Schünemann zieht deshalb eine ausgesprochen ernüchternde Bilanz und sieht die Zeugenaussage weniger als Quelle objektiver Wahrheitsfindung, sondern vielmehr als Wachs in den Händen des über die Beweiswürdigung erhabenen Richters.

Bei Zeugenaussagen handelt es sich also einerseits um Beweismittel, denen RechtsexpertInnen, JournalistInnen und die Öffentlichkeit vertrauen und auf die generell nicht verzichtet werden kann – immerhin beruhen statistisch gesehen 70 Prozent aller Urteile auf ihnen –, andererseits erweisen sie sich immer wieder als unbrauchbar. Unterdessen sind weder Laien noch Rechtsgelehrte dazu in der Lage, zuverlässige von unzuverlässigen Augenzeugenbeweisen zu unterscheiden, nicht zuletzt, weil sie die aktuellen wissenschaftlichen Erkenntnisse dazu häufig nicht kennen. Man akzeptiert also grundsätzlich, dass Zeugen buchstäblich »versagen« können, etwa weil in der Vergangenheit verfügbare Informationen später nicht mehr abrufbar sind, durch Suggestion implementiert wurden oder man schlicht einem besonders guten Lügner aufsitzt. Wenn aber gleichzeitig ein glaubwürdiger Zeuge behauptet, sich an ein bestimmtes Ereignis sicher erinnern zu können, dann scheinen Zweifel an seiner Aussage unangebracht.

Aber würde sich an dieser Situation etwas ändern, wenn Zeugenaussagen ausnahmslos nach wissenschaftlichen Kriterien beurteilt würden? Nein. Denn die internationale Wissenschaft ist sich einig, dass es derzeit kein Verfahren gibt, mit dessen Hilfe sich Lügen erkennen ließen. Daran ändert auch das grundsätzliche Beharren auf der aussagepsychologischen Methodik nichts, zumal diese wohl in keinem anderen Land so etabliert ist wie in Deutschland. Das liegt allerdings nicht daran, dass sie international nicht bekannt wäre, sondern daran, dass sie von der internationalen Wissenschaft mehrheitlich als nutzlos eingestuft wird. Denn vor allem die Feldstudien ausländischer Forscher belegen, dass es sowohl überzeugende als auch wenig überzeugende Aussagen gibt, bei denen die sogenannten Qualitätskriterien der Aussagepsychologie dennoch nur wenig brauchbare Ergebnisse liefern. So stellte die forensische Aussagepsychologin Marty M. Salter bereits 2006 fest, dass routinierte Lügner keinesfalls große geistige Kräfte in ihre Darstellungen investieren müssen und sowohl Täter als auch Opfer langfristigen Missbrauchs nicht selten routinierte Lügner sind.

Psychologie wird oft als die Wissenschaft vom gesunden Menschenverstand bezeichnet. Wenn Sie mich fragen, ist das Wissen um die Unzuverlässigkeit von Zeugen bereits Teil des gesunden Menschenverstands. Kein Wunder also, dass so viele Richter darauf verzichten, Aussagepsychologen als Sachverständige zur Beurteilung der

Glaubhaftigkeit einer Aussage hinzuzuziehen, wenn sie doch außer gesundem Menschenverstand nichts zum Verfahren beitragen können.

Ich weiß nicht, wie Sie am Ende dieses Buchs über Zeugen im Allgemeinen und die Urteilsbildung bei Aussage-gegen-Aussage-Konstellationen im Besonderen denken. Ob aus Frust über diese Problematik, mit der ich mich nun seit Beginn meiner anwaltlichen Tätigkeit tagtäglich im Gerichtssaal konfrontiert sehe, oder aus blankem Zynismus – ich habe jedenfalls ein altes Lexikon mit Zitaten und Redewendungen zum Thema »Lüge« und »Wahrheit« bemüht, in der Hoffnung, aus diesen Quellen der Erkenntnis schöpfen zu können. Schließlich heißt es doch: »In jedem Sprichwort steckt ein Körnchen Wahrheit«, womit wir wieder bei der Wahrheit wären.

So soll unser erster Bundespräsident Theodor Heuss einmal gesagt haben: »Wer immer die Wahrheit sagt, kann sich ein schlechtes Gedächtnis leisten«, was ja ganz gut zur These der Aussagepsychologen passt, dass der Lügner sich seine Geschichte merken muss und deshalb letztlich – inhaltlich betrachtet – nur qualitativ minderwertige Aussagen zustande bringt.

Umgekehrt schrieb der britische Schriftsteller Samuel Butler: »Der beste Lügner ist der, der mit den wenigsten Lügen am längsten auskommt«, was sich dahingehend deuten lässt, dass Lügner gerne möglichst viel Selbsterlebtes in ihre Aussage einbauen, um sich nicht zu viel Ausgedachtes merken zu müssen. Das widerspräche allerdings wieder der von den Aussagepsychologen propagierten Inhaltsanalyse, da diese dann dank der eingebauten wahren Aussagen Nichterlebnisfundiertes kaum erkennen würde – ganz abgesehen davon, dass jedem lügenden Zeugen ein unbekanntes Volumen sensorischer Eindrücke und kreativer Ideen zur Verfügung steht, die in seine Darstellungen einfließen können.

Ebenfalls sehr aufschlussreich für die Bewertung von Zeugenaussagen ist ein Zitat des bekannten Modeschöpfers Yves Saint Laurent: »Wer leicht rot wird, sollte beim Lügen Grün tragen.« Eine euphemistische Liebeserklärung an den Lügendetektor also, der aber wie gezeigt auch dann ausschlagen würde, wenn Sie nicht wegen Ihrer Lügen, sondern vielmehr aus purer Nervosität und Aufregung ins Schwitzen gerieten.

Einen schönen Satz zum Thema »Lüge« prägte auch Honoré de Balzac: »Wer viel redet, glaubt am Ende, was er sagt.« Das behaupten die Aussagepsychologen in Bezug auf Autosuggestion und Pseudoerinnerungen immerhin auch – allerdings erst seit den schlimmen Erfahrungen der Missbrauchsprozesse aus den Achtziger- und Neunzigerjahren. Ein ziemliches Armutszeugnis also, dass der französische Schriftsteller Balzac dies bereits im 19. Jahrhundert wusste.

Ich für meine Person halte es jedenfalls mit einem Zitat von Sigmund Freud, der da sagte: »Es gibt ebenso wenig hundertprozentige Wahrheit wie hundertprozentigen Alkohol.«

Immerhin überzeugt ja auch dessen These vom Freud'schen Versprecher schon seit jeher als Mittel der Wahrheitsfindung...

Aber Spaß beiseite, denn der wird Ihnen ohnehin gleich vergehen, wenn ich Ihnen mein schlichtes Resümee zu Aussage-gegen-Aussage-Fällen gebe: Der Zeuge ist das mit Abstand unsicherste, unzuverlässigste und am Ende auch ungerechteste Beweismittel, das man sich vorstellen kann. Auch wenn natürlich nicht alle Zeugen bewusst falsch aussagen, sie tun es eben trotzdem! Wir Menschen können alle lügen, aber keine Lügen erkennen. Da hilft es Ihnen auch nicht, Richter, Aussagepsychologe oder Pokerspieler zu sein. Für die Entscheidung, welche von zwei sich entgegenstehenden Aussagen die »richtige« ist, könnten Sie ebenso gut würfeln.

Heldenhaft im Alltag

Alexander von Schönburg

Die Kunst des lässigen Anstands

27 altmodische Tugenden für heute

Piper Taschenbuch, 368 Seiten
€ 12,00 [D], € 12,40 [A]*
ISBN 978-3-492-31632-3

Wir leben in einem Zeitalter der Beliebigkeit und Selbstsucht. Überall gilt »ich zuerst«, alles ist erlaubt, jeder will sich selbst optimieren, so wird übertrumpft, gedrängelt, auf Facebook gepöbelt. Doch auf diese Weise wird unser Zusammenleben höchst unangenehm, und wir steuern geradewegs in den Untergang.

Alexander von Schönburg plädiert für mehr Anstand, für Werte und Tugenden, die lange altmodisch erschienen und heute wieder aktuell sind. Dem »anything goes« der auf Selbsterfüllung, Vergnügen und Konsum getrimmten Gesellschaft stellt er die neue Ritterlichkeit gegenüber. Denn nobles Verhalten macht das Leben erst schön.

»Ein auf charmante Weise subversives Buch.«
Prof. Volker Mertens, FU Berlin

Leseproben, E-Books und mehr unter **www.piper.de**

PIPER